Georg Gremels
BLAISE PASCAL

Georg Gremels

Blaise Pascal

EIN BRIEFWECHSEL

Über den Autor:

Dr. Georg Gremels (Jahrgang 1948) lebt in Hermannsburg. Er war Pastor im ev.-luth. Missionswerk Hermannsburg und hat zahlreiche Bücher zu theologischen Themen und Personen veröffentlicht. www.gremels.de

Bibliografische Information der Deutschen Nationalbibliothek
Die Deutsche Nationalbibliothek verzeichnet diese Publikation in der Deutschen Nationalbibliografie; detaillierte bibliografische Daten sind im Internet über http://dnb.dnb.de abrufbar.

ISBN 978-3-96362-342-4
Alle Rechte vorbehalten
© 2023 by Francke-Buch GmbH
35037 Marburg an der Lahn
Umschlagbilder: © iStockphoto.com / Nastasic; deepblue4you; picamaniac
Bild Innenteil Pascaline: © iStockphoto.com / J J Osuna Caballero
Umschlaggestaltung: Francke-Buch GmbH / Marion Schramm
Satz: Francke-Buch GmbH
Printed in Czech Republic

www.francke-buch.de

Inhalt

Vorwort

Als mich die Verlegerin Anne Meiß vom Francke-Buch Verlag fragte, ob ich anlässlich des 400. Geburtstags von Blaise Pascal im Jahr 2023 ein Buch über ihn schreiben könnte, war ich im doppelten Sinne angeregt. Denn ähnlich wie sich bei ihm das Mathematisch-Physikalische mit einem lebendigen Gottesglauben verbunden hatte, bin ich durch mein Studium der Chemie und der Theologie den beiden so verschiedenen Hauptzweigen der Wissenschaft überhaupt verbunden. Wie Pascal habe ich erlebt, dass zwischen den Wissenschaften der Natur und denen des Geistes kein Widerspruch herrschen muss, weil beide der Vernunft gehorchen, mit der sie ihren jeweiligen Stoff durchdringen, Fragestellungen nachgehen und Antworten darauf suchen!

Wer sich Blaise Pascal zuwendet, kann sich an einer hervorragenden Quellenlage erfreuen! Vater und Mutter waren gut bekannt, Tag der Geburt, Wohnorte und Lebensstil der Familie zuverlässig nachzulesen. Auch seine physikalisch-mathematischen Arbeiten sind veröffentlicht worden. Nach seiner tiefen Gotteserfahrung am 23.11.1654 ragen zwei Bücher aus seiner schriftlichen Hinterlassenschaft heraus: *Die Briefe in die Provinz,* in denen er sich mit den Jesuiten auseinandersetzt, und *die Pensées,* eine Sammlung von Texten, in denen er seine Apologie, seine Verteidigung des Christentums, vorlegen wollte. Sein früher Tod verhinderte, dass daraus ein vollständiges Werk hätte entstehen können. Überliefert sind nur die Fragmente davon, die sich allerdings einen bleibenden Platz in der Geistesgeschichte erobert haben und bis heute viele Menschen ansprechen.

Angesichts zahlreicher Untersuchungen und Biografien zu Pascal, die in den letzten 350 Jahren entstanden sind, stellte sich mir die Frage, zu welcher Form ich greifen könnte, um nicht schon längst Bekanntes wiederzukäuen. Da lag es nahe, den Weg zu wählen, der mir vertraut und meines Wissens bisher noch von keinem anderen beschritten wurde. Ich griff zu einem fiktiven Briefwechsel zweier Freunde, die sich über Blaise Pascal austauschen. Auf diesem Weg ist ein Briefroman anlässlich seines 400. Geburtstags entstanden. Die beiden fiktiven Briefeschreiber sind ein junger, wissbegieriger Mann namens Arne, der mehr über Pascal wissen will, und sein älterer Freund Luca, ein profunder Kenner Pascals, der dessen Neugier befriedigen kann. Damit ist vorweg schon alles Nötige gesagt.

Ich wünsche meinem Buch einen guten Weg in die Hände aller Lesenden, die Blaise Pascal näherkommen wollen – mehr noch als in ihre Köpfe in ihre Herzen.

Hermannsburg, den 12.08.2022
Georg Gremels

Was ist nur los mit dir und diesem Blaise Pascal?

Mein lieber Luca,

langsam mache ich mir Sorgen um dich! Ausgerechnet du, der Schreibfreudige und Wortreiche, bist verstummt und gibst keine Zeile mehr von dir? Was ist bloß los mit dir? Wenn ich dann nachfrage, ob ich mir Sorgen machen muss, bekomme ich immer dieselbe nichtssagende Antwort: Du wärest von morgens bis abends mit diesem Blaise Pascal beschäftigt! Ja doch, das weiß ich nun schon lange! Und ich weiß auch, dass du eine Anfrage bekommen hast, anlässlich seines 400. Geburtstags ein Buch über ihn zu schreiben. Wie ich dich kenne, fühltest du dich bestimmt mächtig geschmeichelt, um nicht zu sagen gebauchpinselt!

Aber nun rückt die Zeit unaufhaltsam voran und ich vermute, du gerätst mehr und mehr unter Druck! Denn es soll doch ein gutes Buch werden! Nichts von dem, was du bisher geschrieben hast, kann deinen gesteigerten Maßstäben genügen. Verglichen mit deinen Träumen von diesem Buch werden dir deine bisherigen Anfänge wie ein unbefriedigendes Geschreibsel vorgekommen sein. So hast du dich doch mir gegenüber einmal verächtlich geäußert! Ich befürchte, dass du dir den Brotkorb deiner Erwartungen zu hoch gehängt hast und in Gefahr gerätst, sie nicht mehr zu erreichen! Du kennst doch hoffentlich die sprichwörtliche Weisheit: »Das Bessere ist der Feind des Guten!« Kein Wunder, dass du deine bisherigen Niederschriften wie Makulatur verworfen hast!

Ich brauche kein Prophet zu sein, um dir vorauszusagen:

Wenn du so weitermachst, wirst du niemals und schon gar nicht rechtzeitig ein Buch über diesen Blaise Pascal zustande bringen. Schade eigentlich, denn du kannst ja schreiben! Doch dann fiel mir ein, was sich zwischen uns schon einmal bewährt hatte: Du könntest mit mir, deinem guten, alten Freund Arne, in einen Briefwechsel treten, der sich um diesen Blaise Pascal dreht. Dazu fielen mir gleich viele Fragen ein: Wann und wo ist er geboren? Wer waren seine Eltern? Welche Erziehung hat er genossen? Was hat er geleistet? Wie ist er zum Schriftsteller geworden? Wer waren seine Freunde? In welchen Beziehungen stand er? Warum hat er nicht geheiratet und eine Familie gegründet? Das und was sonst noch auftaucht, könnten wir in Ruhe miteinander bewegen. Stell dir vor, ehe du dich versiehst, ist der Grundstock zu deinem Buch zusammengekommen! Du brauchst nur noch zwei Deckel darumzumachen und fertig ist dein Buch!

Damit du merkst, dass ich nicht nur scherze, habe ich gleich einen ersten Beitrag für dein Buch! Mit Blaise Pascal verbinde ich ein Thema: die sogenannte Wette des Pascal! Ich bin im Internet darauf gestoßen. Willst du wissen, worum es dabei geht? Ich werde es dir verraten: Angenommen, am äußersten Ende dessen, was wir Unendlichkeit nennen, wird eine Münze geworfen. Sie kommt mit Kopf oder Zahl zum Liegen. Wie sie landet, zeigt uns, ob es Gott gibt – Kopf – oder ob es ihn nicht gibt – Zahl. Diese zwei Möglichkeiten gibt es. Doch für welche Möglichkeit sollen wir uns entscheiden? Die Wette geht also so: Wenn wir darauf setzen, dass es Gott gibt, und unser Leben so leben, als gäbe es ihn, verlieren wir überhaupt nichts, wenn die Münze doch die Zahl zeigt. Und wenn sie Kopf zeigt und es Gott wirklich gibt, haben wir alles gewonnen. Jedenfalls ist man auf der sicheren Seite, wenn man auf Kopf setzt.

Luca, ich finde Pascals Gedankengang zwar interessant. Aber ich kann mir nicht vorstellen, dass daraufhin jemand sein Leben auf Gott verwettet. Ansonsten habe ich keine Ahnung von diesem Pascal und habe ihn deswegen gegoogelt. Mein lieber Herr Gesangverein! Da stehen allein schon vierzehn Seiten nur zu seinem Namen und jede Menge Unterthemen wie seine Wette, seine Erfindungen, das Pascalsche Dreieck, seine Untersuchungen über den Luftdruck, seine Rechenmaschine u. a. und dazu noch ganz viele zu seinem Glauben. Was sind das für Brocken, die diesen Menschen ausmachen! Die Fragen zu ihm habe ich dir oben schon geschrieben und will sie nicht wiederholen. Du kannst daran mein Interesse ablesen und meine Lust, diesem Blaise Pascal mithilfe deiner Kompetenz nachzuspüren!

Was hältst du von meiner Idee? Schlag ein! Falls du einverstanden bist, wünsche ich mir aufs Erste von dir einen Lebenslauf dieses Mannes! Das wäre doch schon ein Anfang!

Lass bald von dir hören,
dein Arne

Ein Pfropfen hat sich gelöst!

Lieber Arne,

was für ein genialer Vorschlag, zumal er sich zwischen uns bewährt hat! Ja, ich schlage ein! Das merkst du schon daran, dass ich dir antworte. Da du dich im Internet über die Pascalsche Wette informiert hast, muss ich sogleich eine Warnung vorwegschicken: Bei aller Liebe zum Internet gilt es hier, vorsichtig zu sein. Denn oft genug kopiert einer vom anderen, fehlen genaue Stellenangaben und machen ein genaueres Nachspüren mühsam. Deswegen habe ich mir die gesammelten Werke Pascals angeschafft. Darin findest du, dass das Fragment 233 mit der Wette viel länger ist und rund neun Druckseiten umfasst. Aber ich gebe zu, Pascal im Original zu lesen, ist mühsam. Das will ich dir nicht zumuten. Darum soll uns deine kurze Zusammenfassung von Pascals Wette reichen.

In der Verschiedenheit unserer Wissensstände über Pascal sehe ich für unseren Austausch eine große Chance! Du als der unbefangen Fragende forderst mich mit meinem Wissen über Pascal heraus! Und am Ende wird dein lockerer Spruch mit den zwei Buchdeckeln noch wahr. Gleichsam nebenbei würden wir beide ein ganzes Buch zustande gebracht haben, das weder du noch ich jemals allein hätten schreiben können!

Ich schlage daher, ohne noch lange zu fackeln, ein und füge dir noch einen Lebenslauf von Blaise Pascal an, um dir eine erste Orientierung dieser großartigen Persönlichkeit zu geben! In diesem Sinne,

dein Luca

PS:

Am 19.6.1623 wurde Blaise Pascal in Clermont-Ferrand geboren.[1] Schon mit elf Jahren beeindruckte er durch seine mathematisch-physikalische Genialität die Kreise der »Académie Mersenne«, in die er bald danach aufgenommen wurde und u. a. René Descartes kennengelernt haben soll.

1640 veröffentlichte er den Pascalschen Satz in seiner Schrift *Essai sur les coniques*. »Ein Sechseck ist genau dann Sehnensechseck eines Kegelschnittes, wenn die Schnittpunkte gegenüberliegender Seiten auf einer Geraden liegen. Diese Gerade heißt pascalsche Gerade des Sechsecks.«[2]

Um seinem Vater im Beruf als Steuereinnehmer die mühseligen Berechnungen der fälligen Steuern zu erleichtern, beschäftigte Blaise sich seit 1641 mit der Konstruktion einer Rechenmaschine. Schon ein Jahr später konnte er ihm seine Pascaline vorstellen! Doch war sie zu teuer und zu schwer zu bedienen, sodass ihr kein Erfolg beschert wurde. Noch war es billiger, Menschen rechnen zu lassen, als sich eine so teure und umständliche Maschine anzuschaffen.

1647 entdeckte Pascal nicht nur das Gesetz kommunizierender Röhren, die bei unterschiedlichem Durchmesser die gleiche Füllhöhe aufwiesen, sofern sie miteinander verbunden waren. Er untersuchte mit seinem Schwager Florin Périer auch den Luftdruck, den er in Millimetern auf einer Quecksilbersäule maß und bei 760 mm den Normaldruck festlegte.[3]

Arne, meine am Internet orientierten Auszüge sollten dir für eine erste Orientierung über Blaise Pascal als Mathematiker und Naturwissenschaftler genügen. Falls du noch mehr wissen willst, brauchst du nur online unter seinem Namen zu suchen. Dort findest du über ihn und sein Wirken mehr als genug! Vielleicht

---

1 Ich beziehe mich für Blaise Pascals Lebenslauf auf eine Biografie aus dem Internet in freier Wiedergabe: http://www.zeno.org/Philosophie/M/Pascal,+Blaise/Biographie, Zugriff 21.7.2022.
2 Siehe https://www.lernhelfer.de/schuelerlexikon/mathematik-abitur/artikel/satz-des-pascal, Zugriff 7.9.2022.
3 Siehe https://dewiki.de/Lexikon/Leere_in_der_Leere, Zugriff 22.5.2022.

reicht dir aber schon dieser Ausschnitt aus seinem Lebenslauf und bewahrt dich davor, von der Fülle der Informationen erschlagen zu werden. Denn für mich ist es viel interessanter, wenn du durch das wenige, was du weißt, ins Fragen kommst, als dass du durch das viele ermüdest und verstummst! Das wäre für unseren Austausch tödlich!

PPS:
Beim Internet solltest du ansonsten immer kritisch sein. Denn in der Regel kann jeder hineinschreiben, was ihm gut dünkt. Daher stehen darin Gründliches und Lückenhaftes, Kluges und Irrtümliches ohne kritische Sichtung vermischt nebeneinander! Doch traue ich dir zu, dass du selbstkritisch genug bist, um die Spreu vom Weizen zu trennen!

Wenn du dich für genauere Daten und Informationen interessierst, empfehle ich dir ein Buch, das ich für mich unter *Pascals Biografien* entdeckt habe und durchgehend als Standardwerk benutze: *Jacques Attali: Blaise Pascal, Biographie eines Genies.*[4]

---

4 Aus dem Französischen von Hans Peter Schmidt, deutsche Ausgabe Stuttgart 2006; die französische Originalausgabe: »Blaise Pascal ou le génie francaise«, 2000.

Eine große Lücke in Pascals Lebenslauf

Lieber Luca,

danke für den Lebenslauf und deinen Buchtipp! Deine etwas überflüssige Warnung vor der mangelnden Verlässlichkeit des Internets hättest du dir sparen können! So naiv bin ich nicht, alles zu glauben, was dort zu finden ist! Dein Tipp mit der Biografie Attalis dagegen verspricht mir einen guten Überblick zu verschaffen. Übrigens: Dein kurzgefasster Lebenslauf von Blaise Pascal hat mich angeregt, nach einem Porträt von ihm zu stöbern, und ich bin fündig geworden[5].

---

5 Bild von Gordon Johnson, Pixabay

Zwar ist dieses Bild nur eine Skizze und keine Fotografie Pascals. Dennoch wirken auf mich seine markante, kühn geschwungene Charakternase und seine klaren Gesichtszüge eindrucksvoll! Sie erscheinen mir wie äußere Zeichen seines scharfen Geistes! Sein indirekter Blick signalisiert für mich Nachdenklichkeit und Introversion, die für ein reiches Innenleben sprechen. Ein charaktervoller Mann, der mir beim Betrachten dieses Porträts entgegentritt, wie ihn der Zeichner eingefangen hat! Dass diese Skizze seinem tatsächlichen Aussehen nahekommt, kannst du durch einen Vergleich mit seiner Totenmaske leicht erkennen[6],

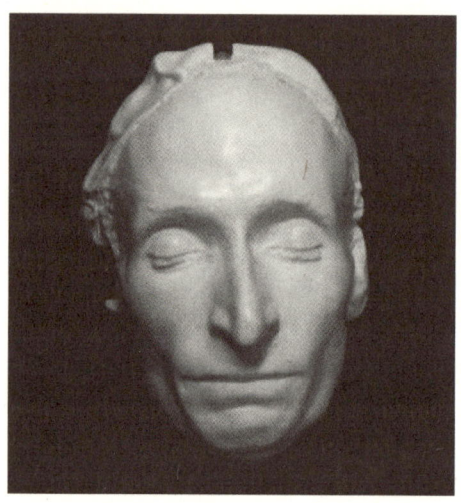

Luca, was sagst du zu diesen Bildern? Ich finde, dass selbst seine Totenmaske eine starke Ausstrahlung hat! Aber eines ist mir an seinem Lebenslauf aufgefallen, den du mir zugeschickt hast. Zwischen Pascals Geburt am 19. Juni 1623 und seinem *Essai sur les coniques* 1640 klafft eine Lücke von siebzehn Jahren, die ohne jeden Eintrag ist. Seltsam! Ich brauche nur an das zu denken, was du mir schon vom jungen Pascal geschrieben hast, oder an mein eigenes Leben! Was ist in siebzehn Jahren schon alles

6 Siehe https://de.wikipedia.org/wiki/Blaise_Pascal#/media/Datei:001Paskal. JPG, Zugriff 21.07.2022.

passiert! Auch wenn ich mich an meine ersten vier Jahre nicht mehr erinnern kann, helfen mir doch Fotoalben und Erzählungen der Eltern weiter! Danach aber erinnere ich mich selbst an erste Eindrücke und Erlebnisse aus dem Kindergarten, mit den Nachbarsjungen, an Spaziergänge und Besuche bei Verwandten. Sollte es nicht auch Vergleichbares in der Kindheit eines Blaise Pascal gegeben haben? Was kannst du mir über seine Kindheit und Jugend erzählen?

Ich bin neugierig und gespannt!
Für heute herzlichst,
dein Arne

Blaise Pascals Schwächeanfälle und die Hexe

Lieber Arne,

wie gut, dass du unbefangen bist und dich zuerst für Blaise Pascals Kindheit interessierst. Denn sonst wird er zumeist erst in seiner späteren Jugend und als junger Mann wegen seines scharfen mathematisch-physikalischen Verstands und seiner herausragenden Leistungen gerühmt! Mit einer Ausnahme jedoch: In seinen Biografien wird der Beginn seines Lebens von seinem frühen Leiden und seiner okkulten Überwindung überschattet. Diese Geschichte hat es in sich und scheint mir symptomatisch die Zeit vor vierhundert Jahren widerzuspiegeln. Deswegen will ich sie dir ausführlich berichten:

Blaise war kaum ein Jahr alt, als ihn merkwürdige Schwächeanfälle überfielen, die mit eigenartigen Zuständen der Entkräftung verbunden waren. Sie wurden ausgelöst, wann immer einer von zwei Umständen trat: Er konnte den Anblick von Wasser nicht ertragen und ähnlich unerträglich waren ihm die Momente, in denen sich sein Vater und seine Mutter zärtlich nahekamen. Blaise soll dann jedes Mal von Krämpfen geschüttelt worden sein, oder er versank zeitweilig in Trance. Kein Wunder, dass seine Eltern sich Sorgen machten. Die besten Ärzte wurden konsultiert und versuchten ihre Kunst an ihm. Aber sie fanden nichts und wussten nicht mehr weiter.

Du kannst dir vorstellen, Arne, wie ratlos und verzweifelt Étienne und Antoinette waren! Was hätte sein Vater noch tun können, um seinen Sohn zu heilen, was seine Mutter? Die Werkzeuge moderner Psychotherapie standen ihnen nicht zur Verfügung, die vielleicht hätten helfen können. Für Vermutungen in ähnlicher Richtung, dass seine Symptome von einem mit seiner Sexualität verbundenen Trauma hätten ausgelöst werden können, standen damals noch keine tiefenpsychologischen Deutungsmuster bereit! Mich hat es auch gereizt, Arne, eine Erklärung für das seltsame Verhalten des kleinen Blaise zu suchen: Ob er einmal zu heiß gebadet worden war und daher schon der Anblick von Wasser eine Phobie auslöste? Oder ob seine Eltern, während sie sich liebten, einmal sein Schreien überhört hatten und Blaise so traumatisiert wurde, dass er panisch auf jede zärtliche Annäherung der beiden reagierte? Oder war er schon eifersüchtig, so klein wie er noch war, und zerstörte ihre Zärtlichkeiten mit seinem Geschrei? Nach rund 400 Jahren wird niemand mehr zweifelsfrei das merkwürdige Verhalten des kleinen Blaise erklären können.

Aber was hätten seine Eltern damals für seine Heilung tun können, als alle herkömmlichen Mittel versagt hatten? Da weder Ärzte, Medizin noch elterliche Fürsorge etwas fruchten wollten, vermutete Vater Étienne dunkle Einflüsse. Es musste schwarze Magie im Spiel gewesen sein! Zauberkünste einzusetzen war eine noch weitverbreitete Praxis. Als Étienne diesem Verdacht nachging, wurde er bald fündig! Hatte nicht seine Frau Antoinette einer alten Frau ein Almosen verweigert und ihr brüsk die Tür gewiesen? Diese Alte musste aus Rache seinen kleinen Blaise verwünscht haben. Je länger er seinem Verdacht nachging, desto mehr erhärtete er sich. Deswegen konnte seinem Blaise kein Arzt und keine Medizin helfen! Étienne war zwar ein Mann der Vernunft. Aber als alle herkömmlichen Mittel versagten, wollte und konnte er nicht mehr ausschließen, dass Hexerei die merkwürdigen Anfälle seines Sohnes verursacht haben musste.

Er machte sich auf die Suche. Die abgewiesene Alte wurde bald gefunden. Brüsk wies sie anfangs jede Unterstellung einer Zauberei zurück. Als Étienne ihr aber mit dem Scheiterhaufen drohte, musste sie sich selbst retten. Sie schlug vor, den bösen Zauber, der die Ursache von Blaises Leiden sein sollte, auf eine schwarze

Katze zu übertragen. Das passte ganz in die abergläubischen Vorstellungen der damaligen Zeit! Nach Anleitung der Alten schritt Étienne zur Tat. Die Katze wurde unter geheimnisvollen Ritualen dem Satan übergeben und getötet. Aber das half nichts! Der kleine Blaise erlitt weiterhin seine rätselhaften Anfälle.

Erregt drang Étienne noch heftiger auf die Alte ein und drohte ihr sogar mit Anzeige und Scheiterhaufen. Da machte sie einen Breiwickel aus geheimnisvollen Kräutern, der unter Beschwörungen von einem siebenjährigen Kind bei Vollmond gekocht werden musste. Alles geschah nach genau vorgegebenem Ritual. Als die Alte dem kleinen Blaise ihren Breiwickel umlegte, erlitt er einen Anfall, der schlimmer war als alle anderen zuvor! Er erstarrte und lag wie tot da. Étienne schlug außer sich vor Zorn und Schmerz auf die Alte ein und beschuldigte sie, seinen Sohn umbringen zu wollen. Doch plötzlich erwachte Blaise, öffnete die Augen und lächelte. Völlig überrascht hielt Étienne inne. Noch wollte er das Wunder nicht glauben. Er ließ Wasser ausschütten, das einen erneuten Anfall seines Sohnes hätte auslösen müssen. Nichts geschah! Blaise war geheilt! Étiennes Zorn verrauchte und wich einer tiefen Dankbarkeit. Spontan umarmte er die Alte, die er eben noch geschlagen hatte.

Die Heilung des kleinen Blaise sollte allerdings noch ein hässliches Nachspiel haben, denn einige Zeugen zeigten die Alte wegen Zauberei bei der Inquisition an. Wenn ihr der Prozess gemacht worden wäre, hätte sie als Hexe auf dem Scheiterhaufen verbrannt werden müssen! Nur dem beherzten Einsatz Étiennes war es zu verdanken, dass sie vor diesem Schicksal bewahrt blieb, denn er führte die Heilung seines Sohnes auf die außergewöhnliche, aber natürliche Wirkung des Kräuterbreis zurück. So konnte er die Alte als kundige Kräuterfrau und Heilerin verteidigen und den Verdacht der Hexerei entkräften.

Arne, auch wenn mein Brief nun länger geworden ist, musste ich dir diese Geschichte so ausführlich mitteilen! Denn dadurch wird unser modernes, aufgeklärtes Bewusstsein mit einer versunkenen, befremdlichen Welt konfrontiert! Zauberei kontra Wissenschaft – was für zwei unvereinbare Welten! Die Zauberei bedarf des Glaubens, sonst funktioniert sie nicht! Die Wissenschaft dagegen arbeitet mit Gesetzen und Beweisen. Daher ist sie frei von jeglichem Glauben und erst recht von jedem Hokuspokus! – Aber noch herrschten im 17. Jahrhundert neben der aufsteigenden Macht der Wissenschaft die Mächte einer archaischen Religiosität und ihrer okkulten Praktiken!

Durch diesen Ausflug in die Welt furchterregender Zaubermächte wollte ich dir die Augen für die religiösen Phänomene öffnen, über die wir heute ungläubig zu lächeln geneigt sind. Étienne aber war damals noch so tief in der mittelalterlichen Frömmigkeit verankert, dass Hexerei zu den unhinterfragten Gegebenheiten seiner Zeit gehörte! Gleichwohl war er aber auch schon so vernünftig, dass er mehr auf die natürliche Wirkung der Kräuter als auf das Wirken okkulter Riten vertraute, mit denen die Alte seinen kleinen Blaise geheilt hatte! Das ist jedenfalls meine Deutung! Ich bin gespannt, wie es dir mit diesem Einbruch des Übersinnlichen geht, und erwarte neugierig deinen Brief,

dein Luca

Zurück zum normalen Leben

Lieber Luca,

was für ein Eintauchen in eine mystisch-archaische Welt! Wenn sie nicht von dem später so nüchternen Mathematiker und Physiker Pascal handelte, würde ich sie sogleich ins Land des Fantastischen abschieben. Allerdings gebe ich zu, dass uns von Pascal rund vierhundert Jahre trennen und inzwischen die Aufklärung und das wissenschaftlich-technische Zeitalter die Welt bestimmen, die damals gerade am Erwachen war! Interessant finde ich die Geschichte allein schon deswegen, weil sie den Schleier vor längst versunkenen Zeiten wegzieht, der ihre Fremdheit bedeckt!

Du und ich, wir beide werden uns heute an die medizinisch-pharmazeutische Wirkung des heilsamen Kräuterbreis halten. Damals kannten Kräuterfrauen viele wirkungsvolle Mittel, die im Laufe einer langen Überlieferung entdeckt, durch Erfahrung gefestigt und als mündliches Geheimwissen weitergegeben wurden. Mit dieser Deutung können wir beide den Glauben an Zauberei und Hexerei als metaphysisch wirkende Mächte hinter uns lassen! Mit einer Ausnahme allerdings: Insofern allein schon der Glaube an diese Mächte krank machen oder heilen kann, werden sie nach wie vor ihre Wirkungen haben!

Doch genug! Ich frage dich lieber weiter: Wie sieht es mit dem normalen Leben Blaise Pascals und seiner Familie aus? Das würde uns helfen, nach diesem Ausflug ins Okkulte wieder mit beiden Beinen auf festen Boden der Geschichte zu treten!

Herzlichst,
dein Arne

Kindheit und Jugend von Blaise Pascal

Lieber Arne,

du fragst nach dem normalen Leben des jungen Blaise? Da kann ich mich nur auf die wenigen Berichte aus seiner Kindheit und Jugend stützen, die ich bisher gefunden habe. Wie in jeder Biografie üblich fange ich mit Pascals Eltern und Geschwistern an. Sein Vater Étienne heiratete 1616 mit 28 Jahren Antoinette Begon, die aus guter Familie stammte. Ihr Vater war Parlamentarier und ihre Mutter entstammte gehobenen bürgerlichen Kreisen. Das frisch vermählte Paar zog zunächst nach Clermont-en-Auvergne. Nach einem Jahr wurde ihnen eine erste Tochter Antonia geboren, die jedoch kurz nach der Geburt verstarb. 1620 folgte Gilberte; am 19. Juni 1623 kam Blaise zur Welt und am 5. Oktober 1625 wurde Jacqueline als jüngste Tochter geboren.

Kurz zur weiteren Familiengeschichte: 1624 kaufte Étienne für 30 000 Livres das Amt des zweiten Präsidenten am Steuergerichtshof. Beruflich hatte sich alles zu seiner Zufriedenheit entwickelt. Ganz anders sah es im Persönlichen aus. Denn kaum hatte Étienne den frühen Tod seiner kleinen Antonia bewältigt, wurde er von dem nächsten Drama erschüttert. Seine Frau und die Mutter seiner Kinder starb im Sommer 1626, angeblich, weil sie zu viele Kirschen gegessen hatte. Das könnte einen wahren Kern gehabt haben. Dann wäre die Ursache ein versehentlich mitverschluckter Kirschkern gewesen, der im Blinddarm stecken geblieben wäre und zu einer tödlichen Entzündung geführt hätte. Ihr früher Tod war eine große Tragik für die junge Familie! Die erste Tochter kurz nach der Geburt gestorben, dann der Sohn seit seinem ersten Lebensjahr kränkelnd und nun noch ihre Mutter so früh verstorben!

Étienne stand als 38-jähriger Witwer mit drei kleinen Kindern allein da: Gilberte war sechs, Blaise drei und Jacqueline gerade erst ein Jahr alt. Was hätte näher gelegen, als sich wieder zu verheiraten? Bei seiner Stellung hätte er gewiss bald eine passende Ehefrau und Mutter für seine Kinder finden können. Aber er blieb allein, zumindest äußerlich gesehen! Die Gouvernante und Hausdame Louise Delfaut, die sich ohnehin schon um die Kinder gekümmert und den Haushalt geführt hatte, füllte bald die durch den Tod gerissene Lücke und wurde auch die Geliebte Étiennes. Das erklärt, Arne, warum der verheißungsvolle Witwer nicht mehr auf Brautschau ging!

Doch nicht nur das private Schicksal Étiennes sollte sein berufliches und das seiner Kinder bestimmen. Ursprünglich hatte Vater Étienne große Pläne im Kopf, als er 1631 nach Paris gezogen war. Er wollte Karriere machen, zuerst als erster Präsident am Steuergerichtshof. Doch ein anderer wurde ihm vorgezogen. 1632 machte er einen zweiten Anlauf und wollte der erste Präsident am Steuergerichtshof seiner Provinz werden. Aber auch hier wurde ein anderer an seiner Statt berufen. Was für ein doppeltes Scheitern seiner Karrierepläne! Doch sollte es 1638 noch schlimmer kommen! Er wurde damals als einer der Rädelsführer identifiziert, die mit vierhundert anderen um ihr Einkommen betrogenen Anlegern wegen der Einstellung der Zinszahlungen ihrer Staatsanleihen protestiert hatten. Der Staat unter Richelieu und Ludwig dem XIII. machte mit den Protestierenden kurzen Prozess und sperrte die Rädelsführer in der Bastille ein. Obwohl er doch nur sein gutes Recht verteidigt hatte, musste sich Étienne seiner Verhaftung entziehen und fand in der Auvergne eine Zuflucht.

Zweimal war er tief enttäuscht worden: Erstens hatte er seine beruflich hochgesteckten Ziele und zweitens die Sicherung seines Vermögens nicht erreichen können. Aber er resignierte nicht, ganz und gar nicht! Stattdessen legte er seinen ganzen Ehrgeiz in die Erziehung seiner Kinder, von denen sich zwei als außerordentlich begabt erwiesen: Blaise und Jacqueline. Woran nebenbei bemerkt nicht die Erziehung allein ausschlaggebend gewesen sein konnte, denn die Älteste, Gilberte, war bei gleicher Erziehung ein normal begabtes, kluges, aber kein geniales Kind.

Die beiden jüngeren genialen Geschwister machte Étienne zu seinem Zukunftsprojekt! Ihnen widmete er alle seine Gaben und Kräfte! Wäre sein berufliches Leben erfolgreich verlaufen, hätte er sie vermutlich einem Hauslehrer anvertraut, sich im gesellschaftlichen Leben engagiert und seine Kinder auf eines der jesuitischen Internate geschickt, die für ihre pädagogische Bildungsarbeit berühmt waren. Aber er tat nichts dergleichen, sondern nahm ihre Erziehung und Bildung fest in seine Hand und machte seine pädagogischen Bemühungen um seine Kinder zu seiner Lebensaufgabe. Du kannst also gespannt sein, wie sie sich unter seiner Erziehung weiterentwickelten!

Damit verbleibe ich für heute,
dein Luca

Étiennes geniale Kinder

Lieber Luca,
über Blaises Zeit als Kleinkind kannst du mir vermutlich wenig schreiben. Denn was hätten Biografen über das Windelalter, das erste Lächeln, die Kinderkrankheiten und die ersten Worte, die der kleine Blaise gesprochen hatte, berichten können? Noch war sein Geist nicht erwacht; noch konnte Blaise nicht gesellschaftlich gebildet werden. Die Zeit bot damaligen Biografen zu wenig Interessantes! Über die Lehrtätigkeit seines Vaters und seine pädagogischen Grundsätze bei der Erziehung seiner Kinder habe ich nur eine Notiz gefunden und bin neugierig, was du darüber weißt! Denn damals gab es doch weder Kindergarten noch öffentliche Schulen. Du hattest mir geschrieben, dass Étienne die Erziehung seiner Kinder in die eigene Hand genommen hat. Ich bin gespannt, was du dazu in Erfahrung gebracht hast und mir mitteilen kannst,

dein Arne

8. Brief: Luca an Arne

Vater Étienne als Lehrer

Lieber Arne,

mit deiner Frage nach der Erziehung Étiennes triffst du voll ins Schwarze. Denn als es für ihn beruflich nicht mehr weiterging, machte er die Erziehung seiner Kinder zu seiner Lebensaufgabe. Nicht nur dass er seine Aufgabe erfüllte, verdient Hochachtung, sondern die Art und Weise, wie er es tat. Denn seine Unterrichtsmethode war für damalige Zeiten revolutionär! Er legte hohen Wert auf das Verstehen und verachtete alles stumpfsinnige Pauken. Dazu kam sein Lehrplan. Er sah es als seine erste und vornehmste Aufgabe an, Blaise und seine Schwestern in den Sprachen zu unterrichten. Natürlich stand Französisch an erster Stelle, dann aber auch Latein und in gut humanistischer Weise Griechisch und Hebräisch. Die Mathematik dagegen meinte er von seinen Kindern noch fernhalten zu müssen, weil er sie zu schwer für ihre jungen Gemüter erachtete. Darin wollte er sie erst in späteren, reiferen Jahren unterrichten.

Aber ausgerechnet da musste Étienne erkennen, dass sich eine geniale Begabung nicht aufhalten lässt. Für Blaise war die Beschäftigung mit Geometrie und Mathematik Liebe auf den ersten Blick. Er vertiefte sich auf eigene Faust vorbei an den pädagogischen Grundsätzen seines Vaters in mathematische und physikalische Probleme. Neugierig, wie er mit elf Jahren war, ging er spielerisch dem Phänomen des Klangs nach. Wenn die Familie bei Tische saß, schlug er mit seinem Messer an Gläser und anderes Geschirr, um sie zum Klingen zu bringen. Er beobachtete, wie sich nicht nur die Klangfarbe je nach Art des Gefäßes veränderte, sondern bei verschiedener Füllhöhe auch die Tonhöhe variierte. Manchmal entstanden so bei Tisch lustige Konzerte der drei Kinder, die Louise Delfaut gewähren ließ und denen der Vater amüsiert zuhörte. Die Familienlegende erzählt, Blaise hätte sogar eine *Abhandlung von den Klängen* geschrieben. Doch ist sie – wenn überhaupt entstanden – bis heute verschollen.

Blaises mathematisches Genie brach sich schon im zwölften Lebensjahr freie Bahn. Damals entdeckte er eigenständig die euklidische Geometrie nach, wobei er ohne mathematische Vorbildung dafür eine eigene Begrifflichkeit entwickelte, in der er die Gerade einen Stab und den Kreis ein Rund nannte. Diese selbst gewählten Namen weisen auf die Eigenständigkeit seiner Entdeckungen hin. Blaises ältere Schwester Gilberte berichtete, er hätte auf diese Weise die Sätze Euklids bis zum 32. abgeleitet, der besagt, dass die Winkelsumme eines Dreiecks zwei rechte Winkel ausmacht. Selbst wenn man etwas Übertreibung davon abzieht, sind seine Nachentdeckungen in der euklidischen Geometrie außergewöhnlich. Eine zweite Version seiner Genialität klingt für mich etwas realistischer. Demnach hätte Blaise eine lateinische Übersetzung der *Elemente* Euklids unter den Büchern seines Vaters gefunden. Aus Furcht, ertappt zu werden, hätte er nur ein wenig darin geblättert und wäre auf den Untertitel *Definitiones et axiomata* gestoßen. Dort hätte er einige der Lehrsätze genauer studiert und daraufhin die wichtigsten ohne Hilfe des Lehrbuchs abgeleitet.

Unsicher bleibt die Herkunft seiner Kenntnisse! Doch eines steht fest: Sein Vater Étienne staunte über die Genialität seines Sohnes und präsentierte ihn mit seinen außerordentlichen Begabungen bei seinen Fachkollegen. Seither nahm er Blaise stolz zu den Sitzungen der *Academia pariensis* mit, wo er bald von den übrigen Teilnehmern als mathematisches Wunderkind bestaunt wurde. Blaise Pascal erwies sich schon in früher Jugend als genialer Mathematiker und Physiker, dessen größter Bewunderer sein eigener Vater wurde! Arne, was für eine erstaunliche Begabung, die ein ebenso erstaunliches Leben hervorbringen wird!

Herzlichst, dein Luca

Étiennes geniale Tochter Jacqueline

Lieber Luca,
diese Pascals verblüffen mich, erst der Vater, dann der Sohn! Offensichtlich musste Étienne genügend Vermögen besessen haben, um sich ganz der Erziehung seiner Kinder widmen zu können. Bevor ich jedoch der Genialität von Blaise weiter nachgehe, muss ich deine Aufmerksamkeit auf seine jüngere Schwester Jacqueline richten, denn auch sie war eine geniale Tochter, allerdings auf ganz anderem Gebiet! Es ist schon viel, wenn ein Vater *ein* hochbegabtes Kind hat. Wenn aber gleich zwei seiner drei Kinder genial sind, grenzt das ans Unfassliche. Doch wenn die beiden genialen Kinder dann auch noch auf zwei verschiedenen Gebieten glänzen, dann ist das für mich nicht mehr zu steigern! Blaise faszinierte die mathematische und physikalische Gelehrtenwelt mit seinen mathematisch-naturwissenschaftlichen Gaben. Étiennes jüngere Tochter Jacqueline brillierte mit ihren dichterischen Gaben. Ihr Stern strahlte schon in ihrem elften Lebensjahr über den höchsten Kreisen Frankreichs auf, als sie die Königin und ihren Hof mit ihren spontanen Dichtungen verzauberte! Was für eine außerordentliche Begabung, nun aber im Sprachlichen!

Ich bin gespannt, was du dazu sagst,
dein Arne

Jacqueline und ihre Dichtkunst

Lieber Arne,

das ist in der Tat nahezu unfasslich: gleich zwei geniale Kinder und dazu noch auf so verschiedenen Gebieten! Als wollte die Gerechtigkeit das unglückliche Schicksal Étiennes ausgleichen! Der Ruhm, der dem Vater versagt blieb, fiel doppelt auf seine beiden Kinder und damit auf ihn zurück, erst durch Blaise und dann durch Jacqueline! Trotz des Erfolgs seiner berühmten Kinder blieb Étienne allerdings noch immer geächtet, weil er als einer der Rädelsführer all derer ausgemacht wurde, die als Anleger durch den Staat um ihr Vermögen gebracht worden waren. Ausgerechnet Jacqueline, die Tochter des Verfemten, wurde nun zum Liebling der Königin! Was für ein schicksalhafter Zusammenhang!

Wie es dazu kam, Arne? Eine Nachbarin der Pascals erfuhr von Jacquelines poetischem Talent und insbesondere von ihrer Kunst dichterischer Improvisation. Sie lud die Zwölfjährige zu sich ein und erbat sich von ihr als Probe ihres dichterischen Könnens ein Akrostichon, d. h. ein Gedicht, bei dem die Anfangsbuchstaben der Verse ihren Vornamen Philberte ergaben. Spontan improvisierte Jacqueline:

»*Poétiques pensers qui ranimez ma veine,*	*Poetische Gedanken, die in meinen Adern flammen,*
Ha, vous me surmontez: hélas, qu'en puis plus.	*Ihr übersteigt mich: Oh weh, ich kann nicht mehr.*
Je m'abandonne à vous, ma résistance est vaine.	*Ich ergebe mich Euch, denn vergeblich ist mein Widerstehen.*
Les soins que vous prenez ne sont popint superflus.	*Die Sorgen, die Ihr opfert, seien nicht umsonst.*
Bons dieux d'où me rema´àit cette insolente envie,	*Guter Gott, woher nur wächst dies Sehnen mir,*
Eh quoi! Pois-je hasarder à mal louer Sylvie?	*Na was schon! Könnt ich's wagen, Sylvie ein Mißlob anzutragen?*
Retirez-vous, pensees ... Non! Vous m'avez charmée.	*Zurück, Gedanken! ... Nein! Ihr habt mich betört.*
Tout obstacle aisément je pourrai supporter.	*Jedes Hindernis kann ich leicht ertragen,*
Engin vous me rendez tout à fait enflammée.	*Wo in glühendem Schwung Ihr mich erhebt.*«

»Philberte«: Die Anfangsbuchstaben ihres Namens waren zugleich die Anfänge ihrer Verse! Was für eine bewundernswerte und dazu noch spontane Dichtkunst! Voller Bewunderung über diese geniale Leistung beschloss Madame de Morangis, Jacqueline der Königin vorzuführen. Anna von Österreich war schwanger und ihr Kind hatte sich zum ersten Mal geregt. Das wurde am Hof feierlich begangen und gab für Jacqueline den Anlass, das außerordentliche Ereignis mit einem Gedicht zu würdigen. Das gelang ihr mühelos:

»Épigramme sur le mouvement que la reine a senti de son enfant	Epigramm über die Kindsbewegung, die die Königin fühlte
Cet invincible enfant d'un invincible père	Dies unbezwingbare Kind eines unbezwingbaren Vaters,
Déjà nous fait tout espérer;	läßt alles uns schon jetzt erhoffen;
Et quoiqu'il soit encore au ventre de sa mère,	Selbst wenn es im Leib der Mutter noch lebt,
Il so fait craindre et desirer.	Darf man es schon fürchten und begehren.
Il sera plus valliant que le dieu de la Guerre Puisque,	Wackerer noch als der Gott des Krieges wird es sein,
avent que son oeil ait vu de firmament,	Denn selbst bevor sein Auge noch das Himmelszelt erschaut,
S'il remue un peu seulement,	wenn er sich zaghaft rührt,
C'est à nos ennemis un tremblement de terre.	bebt den Feinden die Erde.«

Die Gesellschaft am Hof applaudierte begeistert! Sorgfältig wurde nachgeprüft, ob Jacqueline auch wirklich nichts von der Schwangerschaft der Königin hätte wissen können und sich zuvor heimlich Worte zurechtgelegt hatte. Aber das war nicht der Fall. Schlagartig wurde Jaqueline mit ihrer genialen Gabe zum neuen Schwarm des Hofes. Bei einem Besuch Jacquelines erbat sich die Königin von ihr spontan ein Gedicht für Mademoiselle de Montpensier. Als Jacqueline nicht gleich etwas einfiel, bewies sie ihren Humor, indem sie auf dichterische Weise ihre Einfallslosigkeit besang:

»Muse, notre grande princesse	Muse, unsere Hohe Prinzessin,
Te commande aujourd'hui d'exercer ton adresse	Bittet dich heute, deine Geschicklichkeit zu üben.
À louer sa beauté. Mais il faut avouer	Um ihre Schönheit zu preisen. Aber es muß gestanden werden,
Qu'on ne saurait la satisfaire,	daß man sie nicht zufriedenstellen kann
Et que le seul moyen qu'on a de la louer,	und daß zu ihrem Lobpreis nur ein einziges Mittel bleibt,
C'est de dire en un mot qu'on ne saureit le faire.	Ihr mit einem Wort zu sagen, daß es uns an Fähigkeit gebricht.«

Damit erstürmte Étiennes Tochter endgültig die Herzen des Hofes. Begeistert wurde geklatscht und gelacht. Die Königin war entzückt und wollte Jacqueline täglich um sich haben. Jeden Morgen holten Musketiere Jacqueline an den Hof und brachten sie abends nach Hause zurück. Die Tochter des geächteten Vaters wurde zum Liebling der Königin. Während der junge Blaise die Gelehrtenwelt in Staunen versetzte, schlug seine jüngere Schwester Jacqueline den Hof mit ihrer Dichtkunst in ihren Bann!

Aber wie groß ihre Beliebtheit auch war, selbst Jacqueline konnte mit ihren Bitten das Schicksal ihres geächteten Vaters nicht wenden. Noch nicht! Es blieb bei seiner Verurteilung. Inzwischen drohten die Pocken, Jacquelines frühen Erfolg am Königshof zunichtezumachen. Sie erkrankte daran im zwölften Lebensjahr. Trotz hoher Kindersterblichkeit überstand sie die Krankheit, behielt aber die hässlichen Pockennarben zurück. Doch nun zeigte sich ihr starker Charakter. Statt sich schamvoll zu verkriechen, trat sie weiterhin selbstbewusst am Hof auf. Sie hatte sogar den Mut, ihre gerade bewältigte Krankheit in einem Gedicht zu besingen:

»Pour remercier Dieu au sortir de la petite vérole	*»Um Gott für das Überstehen der Blattern zu danken«:*
Ainsi l'on voit qu'en vérité	*So sieht man, daß in Wahrheit*
Grand Dieu! Votre bénignité	*Großer Gott! Deine Herzens-güte sich*
S'est montrée en moi bien ext-rème,	*In ihrer größten Kraft an mir gezeigt,*
Me garantissant d'un péril	*Indem sie mich errettet hat aus dieser Not,*
Où, sans votre bonté suprème,	*In der meine Jahre, ohne Deine himmlische Gnade,*
Mes ans allaient finir dans leur pous bel avril.	*Zu Ende wären in des Früh-lings erster Pracht.«*

Nach wie vor grübelte Jacqueline, wie sie ihre Beliebtheit nut-zen könnte, um die Begnadigung ihres Vaters zu erlangen. Da tat sich ihr eine günstige Gelegenheit auf. Die Aufführung des Theaterstücks von Georges de Scudéry *L'Amour tyrannique* sollte in der Gegenwart Richelieus stattfinden. Darin ließ der berühmte Schauspieler de Mondory Jaqueline in der Rolle der Kassandra auftreten. Der Kardinal applaudierte ihr begeistert. Ohne ihre Pockennarben zu scheuen, nahm er sie auf seine Knie und küsste sie. Da ergriff die kleine Jacqueline ihre Chance und flüsterte ihm vorbereitete Verse ins Ohr, mit denen sie um die Begnadigung ihres Vaters Étienne bat:

»*Ne vous étonnez point, uncomparable Armand,*	*Wundert Euch nicht, unvergleichlicher Armand,*
Sie j' ai mal contenté vos yeus et vos oreilles	*Wenn ich Eure Ohren nicht zufriedengestellt habe.*
Mais pour me rendre ici dapable de vous poeire,	*Doch damit ich Eurem Geschmack erst voll und ganz genügen kann,*
Rappelez de l'exil mon misérable père.	*Ruft erst meinen armen Vater aus dem Exil.«*

Richelieu war sprachlos; er applaudierte ihr! Dieses junge Mädchen war nicht nur eine entzückende Schauspielerin, sondern auch eine kühne Dichterin! Er akzeptierte nun alles, worum sie ihn bat. Endlich war er bereit, Étienne Pascal zu begnadigen, aber nur unter der Bedingung, dass er ihn gemeinsam mit seinen Kindern besuchen würde, denn vor allem wollte er Jacqueline wiedersehen. Richelieu begnadigte ihren Vater Étienne in seiner Begeisterung für Jacqueline nicht nur, sondern setzte ihn in Rouen als Steuereintreiber ein. Der in Ungnade Gefallene kam wieder zu Ehren und residierte mit Haus, Droschke, Kutscher und Dienstpersonal wie in früheren Tagen. Nun konnte er wie früher ein herrschaftliches Leben führen. Ohne seine begabte und am Königshof so beliebte Tochter wäre das niemals gelungen!

Jacquelines Erfolgsgeschichte ging jedoch noch weiter. Der Dichter Pierre Corneille hatte sie ermutigt, an einem Gedichtwettbewerb teilzunehmen. Nach einigem Zögern ließ sie sich darauf ein und sandte mit seiner Hilfe anonym ihr Gedicht ein. Am 8.12.1640 zu Maria Empfängnis wurde Jacquelines Gedicht von der Jury als bestes prämiert:

»Si donne une arche simple et bien oeins nécessaire	Wenn eine einfache und weit weniger notwendige Arche
Ne sourait habiter dans un rofan lieu,	Nicht an einem profanen Ort verweilen könnte,
Comment penseriez-vous que cette sainte mère	Wie würdet Ihr dann glauben, daß diese heilige Mutter
Étant un temple impur, f´ùt un temple de Dieu?	Als ein unreiner Tempel, ein Tempel Gottes war?«

Stellvertretend für sie nahm Corneille den Siegespreis entgegen und trug dem Auswahlgremium auch ihr Dankgedicht vor. Dichterisch so hochbegabt, hätte Jacqueline es noch weit bringen können. Doch ihr Wille und ihr Schicksal sollten ihr einen anderen Weg auftun! Denn auch Jacqueline wurde durch Étiennes religiösen Aufbruch von einer Woge gläubiger Begeisterung ergriffen. Nachdem sie zweimal den Weg in eine Ehe ausgeschlagen hatte, sehnte sie sich in ihrer Glaubensbegeisterung nach einem gottgeweihten Leben. Aber davor türmte sich ein Berg des Widerstands auf. Ihr Vater Étienne wollte sie für seine Pflege im Alter nicht entbehren und Blaise ihre Gemeinschaft nicht missen; er steckte sich hinter den Vater, der ihr den Eintritt ins Kloster apodiktisch verbot, solange er noch lebte! Jacqueline war darüber tief betrübt; doch wurde sie von der Priorin Port Royals, Mère Agnès getröstet: Sie wäre bereits jetzt schon eine Nonne, eine treue Schwester! Denn sie hinge doch schon mit ihrem ganzen Herzen allein an Gottes Willen!

Damals antwortete ihr Jacqueline 1650 mit einem Gedicht zur Himmelfahrt Christi:

»*Jésus, digne rancon des l'homme racheté,*	*Jesus, würdiger Preis des erlösten Menschen,*
Armour de notre coeur et désir de notre âme,	*Liebe unseres Herzens und Sehnsucht unserer Seele,*
Seul créateur de tout, Dieu dans l'éternité,	*Einziger Schöpfer des Ganzen, Gott aller Ewigkeit,*
Homme à la fin des temps en naissant d'une femme;	*Mensch am Zeitenende, geboren von einer Frau;*
Quel excès de clémence a su te surmonter	*Welch Übermaß an Milde hat dich gekrönt,*
Que portant les péchés de ton peuple rebelle,	*Sie trägt die Sünden eines widerspenstigen Volkes,*
Tu souffris une mort horrible raconter	*Littest du einen schrecklich zu erzählenden Tod,*
Pour garantir les tiens de la mort éternelle? ...	*Um den Deinen vor ewigem Tode Schutz zu sein? ...*«

Arne, es sollte das letzte Gedicht ihres Lebens sein! Denn statt weiterhin Lob für ihre dichterischen Gaben zu empfangen, die sie doch hätte in den Dienst des Klosters stellen können, übermittelte ihr Mèrè Agnès die herbe Weisung ihres Seelsorgers Singlin, dass es für sie besser wäre, ihr Talent zu verstecken, denn das Erbe des Weiblichen wären Demut und Schweigen. Gehorsam verstummte Jacqueline als Dichterin. Unterwegs zur Weihung als Nonne unterwarf sie sich ganz der klösterlichen Disziplin und dem Gebot ihres Seelsorgers. Gehorsam opferte sie ihre dichterische Gabe. Was ihr aber dafür wurde, war die Reinheit eines Lebens für Gott allein. Der Ausstrahlung ihrer so reinen, monastischen Existenz konnte sich Blaise auf Dauer nicht entziehen.

Arne, lang ist er geworden, dieser Brief; aber ich finde, Jacqueline und ihre Lebenswende haben ihn verdient!

Dein Luca

Blaises geniales Wirken

Lieber Luca,

danke für deinen so ausführlichen Brief, an dem mir gleichwohl zweierlei zu schaffen macht: Wie konnte Jacqueline ohne Bitterkeit ihre Begabung vergraben? Und umgekehrt: Warum nutzte das Kloster ihre Dichtergabe nicht »zur Ehre Gottes«, wie es so schön heißt? Aber lassen wir das! Die Geschichte verlief eben anders.

Nachdem du mir Jacqueline so strahlend ins helle Licht gerückt hast, will ich, dass du mir nun eine Lanze für Blaise und sein Wirken brichst! Denn wie ich gehört habe, wurde sein Name als Wissenschaftler, Erfinder und Unternehmer gerühmt! Gewiss gibt es darüber über das Bisherige hinaus noch viel zu berichten: Was hat er im Mathematisch-Naturwissenschaftlichen geleistet? Mit deiner Fachkompetenz wirst du mir bestimmt Interessantes zutage fördern! Denn ich sehe meine Aufgabe vor allem darin, dir dein Wissen über Pascal zu entlocken! Bei meinen Recherchen im Internet sind mir vor allem drei mit seinem Namen verbundene Leistungen aufgefallen: seine Rechenmaschine Pascaline, seine Erforschung des Luftdrucks, gemessen in »Pascal«, mit der Entdeckung des Vakuums und das Pascalsche Dreieck.

Genug Stoff für uns beide, Luca! Ich nehme mir sogleich das Vorschlagsrecht und wähle als erstes Thema seine Rechenmaschine, die Pascaline, aus! Das scheint mir eine ebenso lohnende wie anschauliche Sache zu sein.

Enttäusche mich also nicht und lass mich nicht zu lange auf deine Ausführungen warten!

Dein Arne

12. Brief: Luca an Arne

Pascal und seine Pascaline

Lieber Arne,

ein inspirierendes Thema, das du mit der Pascaline vorgeschlagen hast! Denn Erfindungen haben ihre Zeit, in der sie gleichsam »reif« geworden sind. Oft ist es eine Not, ein Problem oder eine dringend zu lösende Aufgabe, die zu der Erfindung führt. Denn zur Vorgeschichte musst du Folgendes wissen: Étienne wurde 1640 zum *Stellvertreter des königlichen Intendanten für die Normandie und kommissarischen Abgeordneten seiner Majestät für Steuern und Steuererhebung* ernannt. Mit seinem Vater und der Familie zog Blaise daher im Januar 1640 nach Rouen und genoss den neuen Wohlstand. Das fürstliche Leben gefiel dem 17-Jährigen und er war stolz auf seinen Vater. Aber dieser neue Glanz hatte eine Schattenseite. Denn das väterliche Amt brachte eine außerordentliche Belastung mit sich, die Blaise täglich miterlebte: Es war äußerst mühselig, die fälligen Steuern zu berechnen! Blaise sah, wie sehr sich sein Vater und seine Untergebenen mit der unablässigen Rechnerei abquälten. Da kam er auf eine geniale Idee. Warum mussten sich wertvolle Menschen mit langen Zahlenkolonnen abmühen und ihre kostbare Zeit mit solchen Berechnungen verschwenden? Ihre Arbeit könnte doch auch eine Maschine leisten!

Mit der ihm eigenen Kühnheit und Beharrlichkeit machte sich Blaise ans Werk und konnte mit väterlicher Unterstützung 1543 drei Jahre später dem Kanzler Séguier seine Pascaline[7] präsentie-

---

7 Siehe https://www.medienwerkstatt-online.de/lws_wissen/vorlagen/showcard.php?id=15455&edit=0, Zugriff 25.05.2021.

ren, eine sechsstellige und dann 1645 eine achtstellige Rechenmaschine.

Blaise war sich der Neuheit und Genialität seiner Erfindung
bewusst und kümmerte sich sogleich um die Sicherung seiner
Rechte. Die Entwicklung der Pascaline wurde jedoch trotz seiner
Anstrengungen zu einem Misserfolg. Arne, wie so manches Mal
in der Geschichte der Menschheit kam er mit seiner Erfindung
zu früh! Noch war es billiger, rechnende Menschen anzustellen,
als seine teure Maschine für fünfzig Goldstücke zu erwerben. Zudem war seine Pascaline zu schwer zu bedienen, verlangte gute
Kenntnisse in der Arithmetik und war zu teuer! Obwohl ein wirt-
schaftlicher Fehlschlag, bleibt Blaise Pascal bis heute der Ruhm,
als einer der Ersten eine funktionierende Rechenmaschine entwickelt und produziert zu haben. Typisch war für ihn, dass er diese
geniale Idee mit zäher Beharrlichkeit verfolgte und schließlich
alle Widerstände überwand. Am Ende gab ihm sein Erfolg recht,
selbst wenn die Zeit für eine breite Nutzung seiner Erfindung
noch nicht reif war! Seine Pascaline war zu früh auf den Markt
gekommen, um einen nachhaltigen Erfolg zu erzielen! Und doch,
Arne, was für ein genialer Erfinder!
Nun bin ich aber gespannt, womit du nun aufwarten wirst.

Für heute herzlichst,
dein Luca

13. Brief: Arne an Luca

Seiner Zeit voraus

Lieber Luca,

dieser Blaise Pascal kam zu früh mit seiner Erfindung, um Erfolge damit einzuheimsen! Das ist oft die Tragik genialer Menschen! Sie sind mit ihren Ideen und Entdeckungen ihrer Zeit zu weit voraus, als dass sie von der Allgemeinheit schon verstanden und geschätzt würden! Beispielhaft hat Friedrich Nietzsche dieses Schicksal in seiner Geschichte »Der tolle Mensch«[8] festgehalten, die mir bei Pascals Erleben mit seiner Pascaline in den Sinn kam. Wir hatten sie in der Schule durchgenommen und ich habe sie für dich herausgesucht. Denn darin geht es exemplarisch um einen »unzeitgemäßen« Menschen, der eine kommende Katastrophe voraussieht, während sich seine Zeitgenossen noch im sicheren Wohlstand wähnend über ihn lustig machen:

Der tolle Mensch – Habt ihr nicht von jenem tollen Menschen gehört, der am hellen Vormittag eine Laterne anzündete, auf den Markt lief und unaufhörlich schrie: »Ich suche Gott! Ich suche Gott!«

Da dort gerade viele von denen zusammenstanden, welche nicht an Gott glaubten, so erregte er ein großes Gelächter. »Ist er denn verloren gegangen?«, sagte der eine. »Hat er sich verlaufen wie ein Kind?«, sagte der andere. »Oder hält er sich versteckt? Fürchtet er sich vor uns? Ist er zu Schiff gegangen,

---

8 Friedrich Nietzsche, Die fröhliche Wissenschaft, München 1959, S. 166f.; Hervorhebung von mir; vgl. auch: https://eag.jena.de/wp-content/uploads/2020/04/Der-tolle-Mensch-Nietzsche.pdf, Zugriff 27.7.2022).

ausgewandert?« – So schrien und lachten sie durcheinander. Der tolle Mensch sprang mitten unter sie und durchbohrte sie mit seinen Blicken.

»Wohin ist Gott?«, rief er. »Ich will es euch sagen! Wir haben ihn getötet – ihr und ich! Wir sind seine Mörder! Aber wie haben wir das gemacht? Wie vermochten wir das Meer auszutrinken? Wer gab uns den Schwamm, um den ganzen Horizont wegzuwischen? Was taten wir, als wir diese Erde von ihrer Sonne losketteten? Wohin bewegt sie sich nun? Wohin bewegen wir uns? Fort von allen Sonnen? Stürzen wir nicht fortwährend? Und rückwärts, seitwärts, vorwärts, nach allen Seiten? Gibt es noch ein Oben und ein Unten? Irren wir nicht durch ein unendliches Nichts? Haucht uns nicht der leere Raum an? Ist es nicht kälter geworden? Kommt nicht immerfort die Nacht und mehr Nacht? Müssen nicht Laternen am Vormittag angezündet werden? Hören wir noch nichts von dem Lärm der Totengräber, welche Gott begraben? Riechen wir noch nichts von der göttlichen Verwesung? – Auch Götter verwesen! Gott ist tot! Gott bleibt tot! Und wir haben ihn getötet! Wie trösten wir uns, die Mörder aller Mörder? Das Heiligste und Mächtigste, was die Welt bisher besaß, es ist unter unsern Messern verblutet – wer wird dies Blut von uns abwischen? Mit welchem Wasser könnten wir uns reinigen? Welche Sühnefeiern, welche heiligen Spiele werden wir erfinden müssen? Ist nicht die Größe dieser Tat zu groß für uns? Müssen wir nicht selber zu Göttern werden, um nur ihrer würdig zu erscheinen?

Es gab nie eine größere Tat – und wer nun immer nach uns geboren wird, gehört um dieser Tat willen in eine höhere Geschichte, als alle Geschichte bisher war!«

Hier schwieg der tolle Mensch und sah wieder seine Zuhörer an: Auch sie schwiegen und blickten befremdet auf ihn. Endlich warf er seine Laterne auf den Boden, dass sie in Stücke sprang und erlosch. »Ich komme zu früh«, sagte er dann, »ich bin noch nicht an der Zeit.

Dies ungeheure Ereignis ist noch unterwegs und wandert – es ist noch nicht bis zu den Ohren der Menschen gedrungen. Blitz und Donner brauchen Zeit, das Licht der Gestirne braucht Zeit, Taten brauchen Zeit, auch nachdem sie getan sind, um gesehen und gehört zu werden. Diese Tat ist ihnen immer noch ferner als die fernsten Gestirne - und doch haben sie dieselbe getan!«

Man erzählt noch, dass der tolle Mensch desselbigen Tages in verschiedenen Kirchen eingedrungen sei und darin sein *Requiem aeternam deo* angestimmt habe. Hinausgeführt und zur Rede gesetzt, habe er immer nur dies entgegnet: »Was sind denn diese Kirchen noch, wenn sie nicht die Gräber und die Grabmäler Gottes sind?«

Luca, ich bin kein großer Ausleger, doch hat mich diese Geschichte tief berührt. Der tolle Mensch, d. h. doch, dieser »Geisteskranke«, dieser als unzurechnungsfähig eingeschätzte Mann ist der einzig Vernünftige unter allen anderen so scheinbar »Vernünftigen«. Als er den Tod Gottes verkündete, hörte ihm keiner zu. Noch gehörten die Kirchen in Nietzsches Zeiten zu den Selbstverständlichkeiten des ausgehenden 19. Jahrhunderts! Doch hat sich mir der Schlusssatz aus »Der tolle Mensch« tief in mein Gedächtnis eingraben: »Zur Rede gesetzt, habe er immer nur dies entgegnet: ›Was sind denn diese Kirchen noch, wenn sie nicht die Gräber und die Grabmäler Gottes sind?‹« Mehr als 140 Jahre sind vergangen, seit Nietzsche 1881 diesen Text geschrieben hatte. Doch die Taten, von denen der scheinbar wahnsinnige, tolle Mensch kündete, wurden seither erschreckende Realität: Zwei Weltkriege haben im 20. Jahrhundert ihre bittere Ernte hinterlassen. Das Schrumpfen der Kirchen und ihres Einflusses ist unübersehbar geworden. Nietzsches Wort von den Kirchen als »Grabmälern Gottes« drängt sich einem unbefangenen Beobachter bei so manchem sonntäglichen Gottesdienstbesuch auf, bei dem er die gähnende Leere in riesigen Kirchbauten erleben kann!

Apropos »gähnende Leere«. Ich bin gespannt, was dir dazu einfällt. Ich habe mir sagen lassen, dass sich Pascal mit dem antiken Phänomen der Leere, dem sogenannten »horror vacui« beschäftigt hat. Kannst du dazu etwas beitragen?

Dein Arne

PS: Als ich diesen Brief fertig geschrieben hatte, erinnerte ich mich unseres alten Physiklehrers, der den *horror vacui, das Entsetzen vor dem leeren Raum,* sinngemäß zu kommentieren pflegte: »Seit der Antike hat man verbissen daran festgehalten, dass es keine leeren Räume geben dürfe! Doch heute lächeln wir über dieses Denkverbot! Über fast zwei Jahrtausende hat die Philosophie Platons und Aristoteles' den Denkrahmen der Wissenschaften vorgegeben, viel zu lange! Damit ist es zum Glück vorbei!«

Die Entdeckung des leeren Raums

Lieber Arne,

danke, dass du mir mit deinem Postskript eine Steilvorlage gegeben hast. Pascal hinterfragte in der Tat die Doktrin aristotelischer Physik, die bis in seine Gegenwart unverändert weitertradiert wurde. Er aber rüttelte an dem Denkverbot eines leeren Raumes! Seine mutige und kritische Frage lautete: Warum soll es keinen leeren Raum geben, kein Vakuum? Das Entsetzen vor der Leere – der aristotelische *horror vacui* – musste sich entweder durch ein wissenschaftliches Experiment verifizieren lassen, oder diese Lehre würde sich als alter Hut herausstellen und könnte endlich ad acta gelegt werden!

Hier zeigt sich die für Pascal typische Beharrlichkeit: Kaum war eine Frage in ihm erwacht, da forderte sie gebieterisch nach seiner Antwort! Nicht eher gab er Ruhe, als bis er sie gefunden hatte. Die Frage des Luftdrucks bewegte damals nicht nur ihn, sondern die ganze gelehrte Welt. Sie drängte sich gebieterisch bei der Bewässerung herrschaftlicher Paläste auf. Denn sobald es Höhenunterschiede von etwas mehr als zehn Metern zu überwinden galt, versagten Saugpumpen ihren Dienst. Torricelli hatte dazu zwar schon ein einfaches Experiment angestellt, aber erst Pascals gründliche Wiederholung schaffte über dieses Versagen Klarheit! Er konnte zeigen, dass ein mit Quecksilber gefülltes, oben verschlossenes Rohr, das umgekehrt in ein Vorratsgefäß mit Quecksilber eingetaucht wurde, nur eine Höhe von 760 mm erreichte. Danach bildete sich darüber ein leerer Raum, ein Vakuum! Bevor ich dir das umständlich mit Worten erkläre, Arne, sieh dir doch diese Zeichnung[9] an.

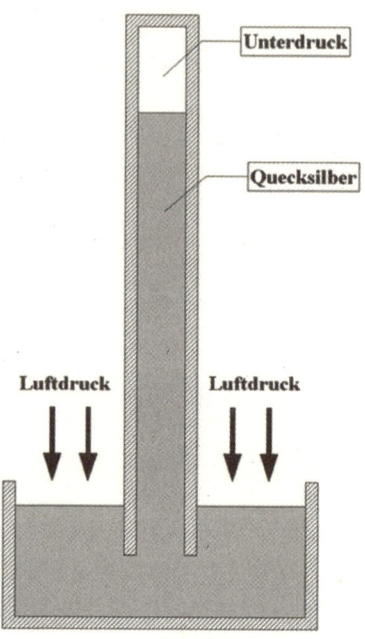

Zwar war schon seit 1640 diskutiert worden, ob die Probleme der Saugpumpen mit dem Luftdruck zusammenhängen könnten. Doch erst Blaise Pascal erbrachte 1647 den Beweis durch sein Experiment, das ich dir genauer schildern will!

Im November 1647 nahm er die Hilfe seines Schwagers Florin Périer in Anspruch, um die Höhe einer Quecksilbersäule nach obiger Versuchsanordnung im Tal und auf dem Berg Puy-de-Dôme zu messen. Während Blaise im Tal blieb, stieg Florin auf den Berg, um dort bei einem Höhenunterschied von rund 900 Metern den Freiraum über der Quecksilbersäule dort oben im Vergleich

9 Siehe https://de.wikipedia.org/wiki/Barometer#/media/Datei:Quecksilber-Barometer_Prinzip.png, Zugriff 24.3.2021.

zu dem im Tal zu ermitteln. Nach seiner Theorie musste sich auf dem Berg ein geringeres Vakuum oberhalb der Quecksilbersäule bilden als unten im Tal, weil dort wegen der geringeren Luftmasse in der Höhe auch ein geringerer Luftdruck herrschen musste. So weit Pascals Hypothese!

Sein Experiment erbrachte den Beweis! 8,4 cm betrug der Unterschied des Vakuums im Tal im Vergleich zu dem auf dem Gipfel. Blaise triumphierte! Damit hatte er bewiesen, dass in der Höhe weniger Luftgewicht auf die Quecksilbersäule drückte und sich daher ein geringerer Freiraum bilden konnte. Die Differenz zwischen Höhe und Tal machte mehr als acht Zentimeter aus! Pascal hatte den unwiderlegbaren Beweis für das Gewicht der Luft und den dadurch entstehenden Luftdruck erbracht! Außerdem hatte er auch die Existenz eines leeren Raumes bewiesen, da der luftdicht abgeschlossene Freiraum oberhalb der Quecksilbersäule leer sein musste. Damit hatte Pascal die jahrtausendealte Lehre des Aristoteles vom *horror vacui*, vom Entsetzen vor der Leere, endgültig widerlegt!

Was für eine großartige Leistung! Das Experiment belegte, was die Wissenschaft zuvor als Hypothese aufgestellt hatte! Wenn du aber meinst, Arne, damit wäre sogleich Ruhe in die gelehrte Diskussion eingekehrt, dann muss ich dich enttäuschen! Pascal musste sich noch mit einem jesuitischen Pater namens Noel herumplagen. Meine kleine Randbemerkung: Es wird immer peinlich, wenn die Kirche auf dem Feld von den ihr fremden Wissenschaften als »Besserwisserin« auftritt. Dieser Pater verteidigte die herkömmliche Auffassung des Aristoteles in einem Brief vom Oktober 1647: Da die Leere gleich dem Nichts wäre, dieses aber unvorstellbar wäre und folglich nur etwas Scheinbares sein könnte, meinte er unter Berufung auf Descartes, dass so etwas wie eine subtile Materie existieren müsste, die seit jeher Äther genannt wurde.

Damit versuchte Pater Noel, Pascal mit seinem höflichen Brief von der Nichtexistenz der Leere zu überzeugen. Pascal widerlegte seine Argumente in einem ebenso meisterhaften wie gründlichen

Brief durch seine Experimente mit seinem Schwager Florin. Pater Noel gab schließlich im Streit nach und die beiden vereinbarten einen Burgfrieden. Aber einen Jesuiten angreifen hieß damals, an Starkstrom zu fassen. Das musste auch Blaise Pascal erleben. Er wurde von der *Gesellschaft Jesu* der Schwindelei bezichtigt. Ein halbes Jahr später im Mai 1648 erschien die jesuitische Gegenschrift *Die Fülle der Leere* und schadete zunächst dem gerade errungenen wissenschaftlichen Ansehen Pascals. Doch war dieser Rettungsversuch wissenschaftlich gesehen nur noch ein müdes Nachbeben, das Pascals erfolgreichen Beweis nicht mehr aus der Welt schaffen konnte, der seine Ergebnisse experimentell gesichert hatte, von jedem und für jeden nachvollziehbar!

Arne, was für ein Triumphgefühl muss Pascal durchströmt haben! Er hatte nicht nur die jahrtausendealte Lehre der aristotelischen Physik widerlegt, sondern auch die mächtige *Gesellschaft Jesu* in die Knie gezwungen! Als bleibendes Zeichen seiner Leistung erinnert bis heute die Maßeinheit »Pascal« für den Luftdruck an seine wissenschaftliche Leistung!

Nun bin ich aber gespannt, was du zu seiner dritten großen Leistung vortragen willst, zum Pascalschen Dreieck!

Damit verbleibe ich
als dein alter Freund Luca

Jacqueline: Blaises große Liebe

Lieber Luca,

was für ein forschender Geist war dieser Blaise Pascal! Hat er doch die Geheimnisse des Luftdrucks und des Vakuums ergründet! Höchst ungern hätte ich versucht, dir das Pascalsche Dreieck zu erklären. Doch glücklicherweise hat, wie du mir dann noch geschrieben hast, deine Herausgeberin vorgeschlagen, das Ganze etwas später zu betrachten. Es sei doch für die meisten Leserinnen und Leser zu speziell. Du glaubst gar nicht, was für ein Wacker mir mit diesem Verzicht vom Herzen gefallen ist! Denn nun könnten wir doch das Kapitel »Mathematiker und Naturwissenschaftler« vorerst schließen, obwohl er bis in seine letzten Stunden hinein diesen Wissenschaften treu geblieben ist. Das ging bis ins Praktische: Noch in seinem letzten Lebensjahr engagierte er sich bei der Einrichtung erster Buslinien, also nicht nur mit den abstrakten Wahrheiten wie der des Pascalschen Dreiecks! Aber dazu in einem späteren Brief mehr.

Ich will deine Aufmerksamkeit auf den anderen Pascal lenken, den Liebenden und Glaubenden! Viel weiß ich nicht von ihm. Aber das wenige, was ich weiß, macht mich neugierig. Du kennst dich doch bei ihm bestens aus, auch über seine Verhältnisse mit Frauen. Ich weiß nur, dass ihm kein weibliches Wesen nahegestanden haben soll, mit einer Ausnahme: seine Schwester Jacqueline! Aber gibt es wirklich keine andere? Wieso hat er keine Familie gegründet? Was verbindet ihn mit seiner Schwester so eng? Davon und von seiner Person und Entwicklung solltest du mir nach so viel Wissenschaft ausführlicher schreiben! Bestimmt findet sich dort auch die Brücke, die zu seinem Glauben führt. Damit kämen wir zu einem Thema, das mindesten so aufregend und folgenreich ist wie seine mathematisch-naturwissenschaftlichen Leistungen!

So weit für heute,
dein neugieriger Arne

16. Brief: Luca an Arne

Pascal, Charlotte und Jacqueline

Lieber Arne,

mit deiner Frage nach den Frauen hast du einen neuralgischen Punkt im Leben Blaise Pascals berührt! Gewiss wurde er gesellschaftlich als angenehmer Gast und guter Unterhalter geschätzt. Viele Menschen waren ihm wegen seiner liebenswerten Art zugeneigt. Ich brauche nur an seine tiefe Freundschaft mit dem Herzog Arthus de Roannez zu denken. Dessen zehn Jahre jüngere Schwester Charlotte liebte ihn heiß und innig. Wenn ihre Liebe sein Herz hätte rühren können, dann wäre daraus gewiss eine innige Beziehung entstanden. Doch konnte Blaise ihre leidenschaftliche Liebe nicht erwidern. Wenn ich seine wenigen Briefe an sie lese, dann war sein Verhältnis zu ihr von einer distanziert fürsorglichen Haltung bestimmt, wie sie ein älterer Bruder zu seiner jüngeren Schwester hätte haben können. Von Sexualität, Erotik oder Spannung einer Gegenliebe zu Charlotte war bei Blaise nichts zu spüren. Ihre innige Liebe zu ihm hat ihn nie erreicht. Aber hatte er Verhältnisse mit Frauen? Nein! Ja! Aber nur mit einer! Denn geliebt hat er nur ein einziges weibliches Wesen: seine jüngere Schwester Jacqueline! Seine Liebe zu ihr war herzlich, innig und währte ein Leben lang! Und sie beruhte auf Gegenseitigkeit! Als jüngere Schwester war sie ihm schon auf natürliche Weise nahe. Blaise wurde zwei Jahre vor ihr geboren und auch ihre Tode lagen nicht weit auseinander. Sie verstarb am 4. Oktober 1661 in Port-Royal des Champs. Als wollte er mit seinem Leben das ihre umrahmen, starb er knapp ein Jahr später am 19. August

1662 in Paris. In ihrer gemeinsamen Zeit von etwa dreißig Jahren waren sie auf unzertrennliche Weise zusammengewachsen und innerlich tief durch alle Höhen und Tiefen ihres Lebens miteinander verbunden.

Wann ihre gegenseitige Zuneigung begann, liegt im Dunkeln, schon als Jacqueline noch in der Wiege lag oder als sie zu ihrem Bruder mit etwa vier Jahren aufzuschauen begann oder noch viel später? Niemand kann das mit Gewissheit sagen. Doch eines ist gewiss! In ihrer Jugendzeit wuchsen die beiden zusammen und blieben über Krisen hinweg lebenslang eng verbunden! Blaise wusste wohl, wie eifersüchtig er sein konnte. Besitzergreifend war er bis hin zum Halsstarrigen und Herrschsüchtigen. Solange seine Liebe zu Jacqueline ungetrübt war, kamen diese Charakterzüge nicht zum Vorschein. Jacqueline gehörte ungeteilt ihm. Beide waren so innig verbunden wie zwei Liebende! Das ist vielleicht auch der Grund, warum ihn keine andere Frau mehr hatte berühren können! Umgekehrt wollte er niemals zulassen, dass er ihre Liebe mit einem anderen hätte teilen müssen.

Das ging so weit, dass er jede Brautwerbung um sie erfolgreich vereitelte! Denn als er 1644 erfuhr, dass ein junger Juristensohn, Antoine Hérembert aus Saint-Sauveur, um die Hand seiner damals achtzehnjährigen Jacqueline anhielt, müssen sich ihm alle Nackenhaare gesträubt haben. Der künftige Verlust seiner Schwester erschütterte ihn derart, dass er ernsthaft krank wurde. Er brauchte sie und band sie durch seine Krankheit als seine Pflegerin fest an sich. Mehr als sonst machte er sie von sich abhängig! Aber das nicht nur äußerlich! Gewitzt, wie er war, säte er Bedenken und Zweifel in Jacquelines Herz, mit denen er ihr den Zukünftigen madig zu machen verstand. Überdies hatte er leichtes Spiel, weil auch ihr Vater Étienne diesen Bewerber ablehnte, brachte er doch zu wenig Vermögen mit. Und so nahm Jaqueline nach einigem Zögern von diesem Bräutigam Abstand.

Aber sie wäre nicht die Dichterin gewesen, die schon in früher Jugend gefeiert wurde, wenn sie diese Erfahrung nicht auch dichterisch verarbeitet hätte:

»Stances contre l'amour	Strophen gegen die Liebe
Imprudent ennemi, vainqueur des faibles ʾàmes,	»Unbedachter Feind, Sieger über schwache Seelen,
Qui n'a pour nous dompter que d'impuissantes flammes,	Der um uns zu zähmen, nur vergebliches Feuer hat.
Déité sans pouvoir comme sans jugement,	Gottheit ohne Macht und Kraft von Einsicht,
Amour, quitte cet arc dont tu veus me combattre:	Amor, laß den Bogen, mit dem du mich bekämpfen willst.
Son unsage inutile, en ton aveuglement,	Nutzlos in deiner Blindheit sein Gebrauch,
Ne peut blesser que ceux qui se laissent abattre …«	Kann er verletzen doch nur, was sich auch niederstrecken läßt …«

Kaum hatte Jacqueline ihren ersten Bewerber abgewiesen, wurde Blaise wieder gesund. Er fühlte seinen Sieg und erlebte, wie das Glück von Neuem seine Adern durchpulste, weil er Jacqueline wieder ganz für sich hatte. Deswegen kümmerte ihn kaum, dass er bei ihr noch eine gewisse Betrübnis über diesen Ausgang zu verspüren meinte. Er unternahm aber alles, um sie aufzuheitern. Er umarmte und tröstete sie vielleicht mit den Worten: »Jacqueline, meine liebe Jacqueline, wer wird denn so traurig sein? Wir beide gehören doch zusammen wie der Wind und das Meer. Nichts soll uns auseinanderreißen!« Dann wird er sie fest an sich gedrückt und sie sich mit einem tiefen Seufzer an ihn gelehnt haben. Als ihr Blaise dabei tief in die Augen sah, wird sie noch eine letzte Träne aus ihrem Auge gewischt und ihm zaghaft zugelächelt haben. So könnte es doch gewesen sein, Arne. Eine erste Krise war überstanden!

Als ein Parlamentsrat in Rouen zwei Jahre später 1646 um Jacquelines Hand anhielt, nahm diese zweite Bewerbung für Blaise weit bedrohlichere Formen an. Denn nun handelte es sich um einen Magistratskollegen Étiennes, der als Vater eine Ehe Jacquelines mit ihm freudig begrüßte. Auch sie schien nicht abgeneigt zu sein. Blaise aber war verzweifelt. Seine Verzweiflung warf ihn augenblicklich mit einer schweren Erkrankung nieder. An eine Hochzeit und Ehe war nicht mehr zu denken! Blaise erlitt abwechselnd Trancezustände, kämpfte mit Lähmungen seiner Beine und fiel öfter in Ohnmacht. Jacqueline musste ihn Tag und Nacht pflegen. Angesichts solcher Nöte ihres Bruders wies sie auch diesen zweiten Bewerber zurück.

Dazu noch von Pockennarben gezeichnet, waren Jacquelines Chancen auf dem Heiratsmarkt ohnehin nicht blendend. Doch nun war ihr Ruf als Braut gänzlich ruiniert! Niemand hätte sich mehr bereitgefunden, sich als Dritter von ihr einen Korb einzuholen! Ihre Heiratschancen waren verspielt. Blaise hatte erreicht, was er wollte. Seine Schwester gehörte wieder allein ihm! Er triumphierte innerlich. Eine neue Woge des Glücks durchflutete ihn. Konkurrenzlos war sie wieder die Seine!

Doch ahnte er nicht, welchen Pyrrhussieg er damit errungen hatte! Ich breche hier ab, Arne. Du wirst vielleicht ahnen, dass eine Pascal wie Jacqueline die Flinte nicht ins Korn werfen und als alternde Jungfer resigniert zu Hause vertrocknen würde.

Du kannst daher gespannt sein, wie sich die Geschichte weiterentwickelt hat!

Herzlichst,
dein Luca

17. Brief: Arne an Luca

Eine religiöse Familie?

Lieber Luca,
endlich muss ich einmal meiner bisher zurückgehaltenen Verwunderung Ausdruck verleihen! Es ist außergewöhnlich, dass aus einer so kleinen Familie gleich zwei so ungewöhnlich große und zudem verschiedene Begabungen hervorgegangen sind. Interessieren würde mich nun, ob beide auch von einer tiefen Religiosität durchdrungen wurden und wie sich das religiöse Leben in Frankreich damals gestaltete. Entstammte Étienne einer vom Glauben tief geprägten Familie? Oder hat er selbst einen Einbruch des Göttlichen erlebt, der nicht nur sein Leben, sondern auch das seiner Familie verändern sollte? Du wirst mir gewiss dazu nähere Auskunft geben! Denn weder die Religion noch der Glaube, die Blaise später bestimmten, pflegen einfach vom Himmel zu fallen!

Wie immer dir verbunden in erwartungsvoller Neugier,
dein Arne

Gott berührt die Pascals schon früh

Lieber Arne,

du hast in der Tat mit deinen Vermutungen den richtigen Riecher! Ohne ein besonderes Ereignis wäre die Familiengeschichte der Pascals nicht so religiös verlaufen. Alles fing mit Vater Étienne an. Soweit mir bekannt ist, hatte bislang die Religion in der Familie Pascal keine große Rolle gespielt. Ich nehme an, dass sie zum Leben gehörte, wie im 17. Jahrhundert zu jeder Familie im katholischen Frankreich. Die wachsende Freigeisterei erschien zwar wie ein erstes Wetterleuchten am Horizont der kommenden Revolution. Aber deren gewaltige Umbrüche, die auch die Religion mit sich rissen, lagen noch in weiter Ferne!

Das damals allgemein übliche katholische Leben der Pascals änderte sich jedoch durch ein Ereignis einschneidend! Étienne war im Januar 1646 als Sekundant zu einem Duell auf eisglatter Straße unterwegs. Öffentliche Kutschfahrer weigerten sich, bei diesem Wetter zu fahren. Seine eigene Kutsche konnte er ohne Schneeeisen nicht benutzen. Daher musste er zu Fuß zum Duell eilen. Auf vereister Straße kam er ins Rutschen, stürzte unglücklich und brach sich ein Bein.

An seine Dienste bei dem Duell war nicht mehr zu denken! Lange zog sich sein Heilungsprozess hin. Dabei wurde er von zwei Chirurgen betreut, bekannten und geadelten Brüdern, die er für längere Zeit in sein Haus einlud, um sich von ihnen verarzten und pflegen zu lassen. Sie erzählten ihm dabei von ihrem

Aufbruch im Glauben, den sie einem Abbé Saint Cyran und einem Jansenius verdankten, die sie mit dem Kloster Port Royal verbunden hatten.

Durch ihr Zeugnis wurden Étienne, Gilberte und besonders Jacqueline angeregt, die Werke dieser Bewegung intensiv zu studieren. Blaise wurde von diesem Glaubensaufbruch seiner Familie allerdings nur peripher berührt. Aber die anderen lasen begeistert die neuen Schriften! Die *Rede über die Erneuerung des inneren Menschen* von Jansenius, *Über die häufige Kommunion* von Arnauld und *Das neue Herz* von Saint-Cyran. Étienne fand darin zur inneren Ruhe, trug er doch schwer an den Belastungen seines Amtes. Denn er musste in seiner Funktion als Steuereintreiber mit oft harten Steuerforderungen des Staates so mancher Familie viel Leid aufbürden! Das betraf besonders die Ärmeren, die von der Hand in den Mund lebten. Obwohl sie nur das Nötigste besaßen, forderte der Staat gnadenlos seine Steuern ein! Das stürzte Étienne in so manche Gewissensnöte zwischen seiner Pflicht und der Stimme seines Herzens. Port Royal und seine Spiritualität halfen ihm, dieses Kreuz auf sich zu nehmen und die Spannungen auszuhalten.

Einschneidender als diese Erfahrungen seiner Familie wirkte sich auf Blaise ein Unfall mit seiner Kutsche aus. Dieses Erlebnis warf ihn aus dem Gleis und brachte ihn auf den Weg einer intensiven Gottessuche.

Einem anonymen Bericht zufolge war er mit einer von vier oder sechs Pferden gezogenen Kutsche unterwegs. Die Pferde scheuten mitten auf einer Brücke, gingen durch und stürzten über die Brüstung in den Fluss. Unglaubliches Glück hatten die Insassen der Kutsche bei diesem Unfall, denn das Geschirr zerriss, das Pferde und Kutsche miteinander verband. Wie durch ein Wunder blieb daher die Kutsche oben auf der Brücke stehen!

Dieser glückliche Ausgang muss Blaise zutiefst erschüttert haben. Auch wenn Zweifel an der Echtheit dieser Geschichte geäußert wurden, lässt sich doch eines nicht bezweifeln: Blaise beschäftigte sich seither tiefer und intensiver mit dem Glauben.

So viel für heute, denn der Brief soll mit der nächsten Post auf Reisen gehen! Ich bin gespannt, ob er dich neugierig macht, mit mir der weiteren Geschichte von Blaises Gottsuche nachzugehen.

Herzlichst,
dein Luca

Der geistliche Weg Jacquelines

Lieber Luca,

wie kannst du daran zweifeln, dass ich unseres Briefwechsels müde würde? Im Gegenteil! Was für ein Unfall! Schon ein hartgesottener Mensch wäre dadurch erschüttert worden, wie viel mehr ein Blaise Pascal mit seiner inneren Empfindsamkeit! Doch über einer solchen Erfahrung muss ein Mann noch nicht religiös werden. Dazu muss mehr geschehen. Ich vermute, Luca, dieses »Mehr« hing mit seiner ihm so innig vertrauten Schwester Jacqueline zusammen! Denn nachdem er ihr den Weg in eine irdische Ehe verschlossen hatte, entschied sie sich für den geistlichen Stand einer Nonne und trennte so ihr geschwisterliches Band mit Blaise – nun aber durch eine geistliche Heirat! Das muss gewiss auch mit Blaise etwas gemacht haben! Ich kann mir nicht vorstellen, dass er Jacqueline ohne Widerstand und Kampf ins Kloster hätte ziehen lassen! Wie liege ich mit meiner Vermutung, Luca? Durch dich hoffe ich, Genaueres zu erfahren, und bin gespannt, was du mir über die Geschichte der beiden mitteilen kannst!

Viele Grüße,
dein Arne

20. Brief: Luca an Arne

Jacquelines geistliche Berufung

Lieber Arne,

zwar hast du schon einiges über den Weg Jacquelines mitbekommen. Doch an diesem Punkt ihrer entscheidenden Lebenswende will ich dir alles gründlich und der Reihe nach aufschreiben. Blaise und Jacqueline waren ein außerordentliches, eng, herzlich und lebenslang miteinander verbundenes Geschwisterpaar! Nachdem sie zwei Bewerbern einen Korb gegeben hatte, war sie hellsichtig genug, um sich ihre Zukunft auszumalen. Sie konnte sich an fünf Fingern abzählen, dass sie sich, zudem von Pockennarben gezeichnet, alle Aussichten auf Heirat, Familie und Kinder zerstört hatte. Inzwischen war sie 1646 zwanzig Jahre alt geworden, übrigens im gleichen Jahr, in dem Étienne seinen folgenschweren Unfall hatte und der Glaube zum Thema der ganzen Familie wurde.

Aber wie würde ihre Zukunft aussehen? Würde sie sich nur noch um ihren Vater kümmern und als alternde Jungfer mit im Hause ihres Bruders leben, um auch ihm zu Diensten sein? Nein, dazu war sie als eine echte Pascal viel zu stolz! Resignieren, verzagen oder sich gar verkriechen war ihre Sache nicht! Sie hatte doch als junges Mädchen von elf, zwölf Jahren die Königin Anna von Österreich und den ganzen französischen Hof mit ihrer Dichtkunst begeistert! Der Kanzler Richelieu war ihr sogar so zugetan gewesen, dass er sie tagsüber regelmäßig an den Hof holen ließ, weil er sie immer um sich haben wollte. Sie hatte die Spitzen Frankreichs bezaubert und wurde am Königshof heimisch. Sollte sie nun deprimiert in sich zusammensinken, nur weil sie sich auf keinen ihrer zwei Bewerber eingelassen hatte? Niemals!

Wie würde Jacquelines Lebensweg weitergehen? Zunächst glücklich, denn seit Oktober 1647 erlebten Bruder und Schwester in Paris eine noch nie da gewesene Intensität ihrer Beziehung. Es war, als wollte ihre Harmonie noch einmal golden wie in einem Abendrot aufleuchten, bevor das Leben andere Zeiten bescherte. Blaise war überglücklich! Die zwei Krisen einer drohenden Eheschließung, die ihm seine Jacqueline hätten rauben können, hatte er dank seiner »pünktlich« einsetzenden Schwächeanfälle zu verhindern gewusst. Seine Schwester gehörte nun wieder ungeteilt ihm; zumindest dachte er das so. Die beiden Geschwister zogen in ein Haus in der Rue Brisemiche gegenüber der Familie des Herzogs de Roannez ein. Die enge Freundschaft mit der Herzogsfamilie, mit Arthus und mit Charlotte, ließ diese Tage in hellem Glanz erstrahlen.

Alles teilten Jaqueline und Blaise miteinander. Ob sie schrieben, sich austauschten, zusammen diskutierten oder lasen, in allem waren sie »ein Herz und eine Seele«! In einem Brief vom 1. April 1648 schrieben sie an ihre Schwester Gilberte von ihrer Verbindung und ihrer gemeinsamen Berufung, die sie nicht nur als leibliche Geschwister, sondern nun auch durch die Güte Gottes begründet sahen:

»Wir wissen nicht, ob diese [Allianz] ebenso wie die anderen ohne Ende sein wird, aber wir wissen wohl, daß wir sie gern ohne Ende fortführen würden. Uns liegt von Monsieur de Saint-Cyran der Brief *Über die Berufung* vor ... Wir lesen ihn und werden ihn dir sodann zukommen lassen ..., denn ich finde, daß unser Glück, auf diese letzte Weise vereint zu sein, so groß gewesen ist, daß wir uns vereinen müssen, um es anzuerkennen und uns daran zu erfreuen. Denn wir müssen gestehen, daß es Gott gefallen hat, uns in seiner neuen Welt ebenso durch den Geist zu vereinen, wie er es in der irdischen Welt durch den Körper getan hatte ...«

Bruder und Schwester wuchsen nicht nur durch ihre natürliche Nähe als Geschwister, sondern überdies durch die jansenistische Frömmigkeit Port Royals inmitten dieser spirituellen Gemeinschaft noch enger zusammen. Nun überstieg ihre innige Gemeinschaft im Glauben sogar die natürliche ihrer Geburt. Doch obwohl ihre Verbundenheit so verheißungsvoll aufblühte, währte diese Vereinigung von Natur und Gnade nur noch kurze Zeit. Darüber wirst du gewiss mehr wissen wollen.

Aber für heute will ich es genug sein lassen
und ich verbleibe mit den besten Grüßen,
dein Luca

21. Brief: Arne an Luca

Blaise, Jacqueline
und die Ellipse

Lieber Luca,

was für ein seltenes Geschwisterpaar! Ich habe hin und her überlegt, ob mir ein Bild einfällt, mit dem ich das Verhältnis der beiden beschreiben könnte. Ihre Schicksale könnten Planeten gleichen, die umeinander und gemeinsam um die göttliche Sonne kreisen. Oder würde das Modell von Erde und Mond zutreffen, die auf je eigener Umlaufbahn kreisen, beide zusammen um die Sonne, während der Mond sich zusätzlich noch um die Erde dreht? Doch kann ich mich mit diesem Bild nur halb anfreunden, weil der Mond, naheliegend als Symbol der Frau verstanden, in keinem gleichwertigen Verhältnis zur Sonne steht wie die Erde, die er als deren Trabant umkreist und mit ihr nur indirekt die Sonne! Wenn ein Modell die beiden Geschwister auf Augenhöhe repräsentieren kann, dann ist es das einer Ellipse! Sie hat zwei Brennpunkte, die voneinander getrennt sind, während sie durch die eine, kreisförmige Rundung der Ellipse[10] miteinander vereint bleiben!

Ich habe für dich dieses Bild aus dem Internet herausgefischt. Du musst dir vorstellen, dass die Brennpunkte F_1 und F_2 für die beiden in Liebe verbundenen Geschwister Blaise und Jacqueline stehen! Sie sind wesenhaft aufeinander bezogen, wie es die Ellipse mit ihren zwei Brennpunkten symbolisiert. Sie verdeutlicht

---

10 Siehe http://www.maphi.de/mathematik/kegelschnitte/ellipse_definition. html, Zugriff 7.9.2022.

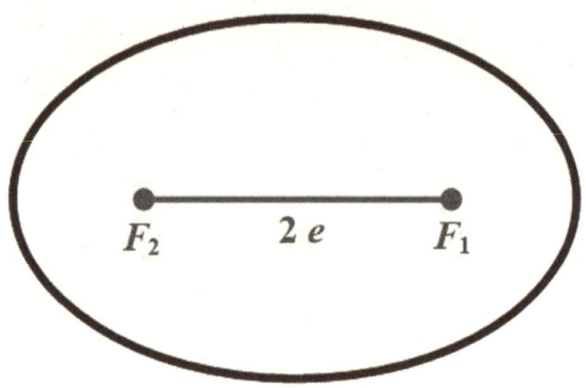

sinnbildlich, wie Jaqueline und Blaise lebenslang zusammengehörten und durch alle Krisen hindurch unzertrennlich blieben! Die Gefahr einer Trennung hatte Blaise durch die Vereitelung der Ehepläne Jacquelines zwar hintertrieben, aber wie würde Blaise reagieren, wenn Jaqueline sich zu einem Leben als Nonne entschied und keine irdische, sondern eine geistliche Ehe mit Christus einging? Du wirst mir darüber mehr verraten können!

Herzlichst, dein Arne

22. Brief: Luca an Arne

Eine göttliche Berufung relativiert alles

Lieber Arne,

du überraschst mich mit deinem anschaulichen Modell einer Ellipse. Ich wäre nicht darauf gekommen und bin begeistert! Zwei Brennpunkte und doch eine einzige, in sich geschlossene Figur! Darin vereinen sich Individualität und Verbundenheit zweier Liebender! Aber was würde aus diesem idealen Modell werden, wenn Jaqueline sich für das Leben einer Nonne entschied? Schon nach einem Monat glücklichen Zusammenlebens mit Blaise war in ihr der feste Entschluss gereift, ihr künftiges Leben Gott zu weihen und als Nonne in das Kloster Port Royal einzutreten! Das vertraute sie in aller Unschuld ihrem Bruder Blaise als erstem Menschen an: Sie sei fest entschlossen, sich als Nonne im Kloster Port Royal des Champs einsegnen zu lassen! Wie ein Stich fuhr Blaise ihr Entschluss durchs Herz. Für ihn, der eben noch mit Jacqueline in den Höhen ihrer Lebens- und Glaubensgemeinschaft geschwelgt hatte, stürzte schlagartig ihre gemeinsame Welt zusammen, nachdem er doch zweimal eine bürgerliche Ehe seiner geliebten Schwester zu verhindern gewusst hatte! Nun aber drohte ihm ein weit schlimmerer Verlust: Jacquelines Ehe mit dem himmlischen Bräutigam Christus! Würde sie als Braut des Herrn den Nonnenschleier nehmen, wäre Jacqueline nicht nur zeitlich, sondern auf ewig von ihm geschieden. Das konnte und wollte Blaise nicht hinnehmen!

Hartnäckig und gewitzt, wie er war, steckte er sich hinter ihren Vater Étienne. Dieser warf seine ganze Autorität in die Waagschale und verbot Jacqueline den Eintritt ins Kloster zu seinen Lebzeiten! Blaise machte ihr zudem bitterste Vorwürfe. Sie würde den alten Vater mit ihrem Willen zur monastischen Existenz unnötig quälen! Die häuslichen Szenen um ihr Vorhaben und die Widerstände dagegen steigerten sich dramatisch und wühlten alle bis zu Tränen auf. Schließlich gab Jacqueline nach und fügte sich der zwingenden Forderung ihres alten Vaters und auch der besitzergreifenden Liebe ihres Bruders.

Doch beugte sie sich nur äußerlich! Innerlich blieb sie ihrem Entschluss treu, ein Leben als Nonne zu führen! Entschieden, wie sie war, betrat Jaqueline ihren neuen Weg schon zu Hause. Sie lebte fortan die vier Jahre bis zum Tod ihres Vaters nach der klösterlichen Regel. Sie hielt ihre Gebetszeiten und täglichen Lesungen ein. Ihrer inständigen Bitte, auch an einer der klösterlichen Exerzitien teilnehmen zu dürfen, verweigerte sich Étienne lange. Erst 1649 gestattete er seiner Tochter endlich einen viermonatigen Aufenthalt im Kloster Port-Royal in Paris.

Zwei Jahre später, am 24. Juni 1651, starb Étienne im Beisein von Blaise und Jacqueline in seiner Pariser Wohnung. Nun endlich – im Alter von 25 Jahren – war Jacqueline frei. Nichts und niemand konnte sie mehr aufhalten, in das Kloster Port Royal einzutreten. Niemand? Auch nicht Blaise? Arne, ein letztes Ringen mit ihm stand ihr noch bevor. Denn als sie ihrem Bruder ihren Entschluss mitteilte, wurde er von schwersten Lähmungen überfallen, die ihre ganze Pflege und Zuwendung erzwangen. An ihren Eintritt ins Kloster war nicht zu denken! Viermal wollte er sie so durch seine Krankheitsanfälle, seine unerträglichen Kopf- und Zahnschmerzen sowie seine Lähmungen an sich fesseln. Dreimal gelang es ihm so, sie von ihrem letzten Schritt ins Kloster abzuhalten. Sobald er merkte, dass sie wieder einmal fest entschlossen war, ihre Koffer zu packen, erlitt er seine anfallartigen Attacken: Unerträgliche Schmerzen und Krämpfe warfen ihn nieder und erzwangen Jacquelines Pflege.

Auch beim vierten Mal hatte er ihr seinen Willen aufzuzwingen versucht! Doch inzwischen hatte ihn Jacqueline durchschaut.

Zu genau traten seine Anfälle immer dann auf, wenn sie wieder einmal entschlossen war, sich von ihm zu trennen und ins Kloster einzutreten! Dieses Mal musste er erleben, dass Jacqueline sich nicht mehr täuschen ließ! Um dem Anfall ihres Bruders zuvorzukommen, verließ sie ihn heimlich am Morgen des 4. Januar 1652 und vermied so jede Szene! Gut ein halbes Jahr nach dem Tod ihres Vaters Étienne schlossen sich hinter ihr die Tore des Klosters Port-Royal des Champs. Nur ihre Schwester Gilberte hatte sie eingeweiht. Endlich hatte sie ihren Beschluss verwirklicht. Endlich hatte sie sich von der besitzergreifenden Liebe ihres Bruders befreit. Und endlich hatte sie sich unter die alleinige und ausschließliche Verfügung Gottes gestellt.

Jacqueline erlebte ihren Schritt als krönende Vollendung ihres Lebensweges! Nachdem sie sich zweimal – umgarnt von der besitzergreifenden Liebe ihres Bruders – einer bürgerlichen Ehe verweigert hatte, nachdem sie sich dreimal durch Blaises Krankheitsanfälle von ihrer himmlischen Berufung hatte abhalten lassen, waren jetzt die Würfel gefallen! Sie hatte ihren Weg in eine monastische Existenz angetreten und erfuhr sich in ihrer Schicksalswende von der unsichtbaren Hand Gottes geleitet, dem Herrn, dem allein sie fortan ihr ganzes Leben weihte und ihm ins vertraute Kloster Port Royal folgte. Erfüllt, ergriffen, begeistert konnte sie nun endlich ungehindert ihre Gottesliebe ausleben, der sie sich schon seit Jahren in aller Verborgenheit hingegeben hatte.

Als ihr Bruder Blaise von ihrem Eintritt erfuhr, war er wie vom Blitz getroffen! Jacqueline hatte ihn verlassen! Sie hatte sich mit Christus verlobt und würde sich als geweihte Nonne mit ihrem himmlischen Bräutigam vereinen. Damit war sie für ihn unerreichbar geworden, noch weit unerreichbarer als durch einen irdischen Bräutigam! Er reagierte auf ihre heimliche Flucht mit heftigsten Krämpfen, Lähmungen und Schmerzen. Gilberte hatte noch versucht, Jacqueline deswegen zum Einlenken zu bewegen, blieb aber ohne Erfolg! Blaise stürzte in tiefste Verzweiflung. Ein Leben ohne Jacqueline? Nein, niemals! Sollte er den vielfach schlimmeren, geistlichen Verlust seiner Schwester kampflos hinnehmen? So schnell gab ein Pascal nicht auf. Er musste alle Hebel in Bewegung zu setzen, um ihren Eintritt rückgängig zu machen! Da fand er den einzigen Hebel, der wirksam genug war: die Verteilung des Erbes ihres Vaters Étienne! Du kannst also gespannt sein.

Ich breche für heute ab
und verbleibe mit herzlichen Grüßen,
dein Luca

Noch gibt Blaise nicht auf!

Lieber Luca,
was für ein Geschwisterpaar! Und was für ein Ringen des Bruders um seine geliebte Schwester! Er wollte nicht nur ein spirituelles Verhältnis zu ihr haben, denn das hätte er auch pflegen können, wenn sie Nonne geworden wäre. Er wollte mehr, wollte sie nahe um sich haben, über sie verfügen, sie bestimmen und sie besitzen. Doch damit war es jetzt aus! Ob das zu einem scharfen Bruch zwischen beiden hätte führen müssen, so tief, dass er sich nicht mehr hätte kitten lassen? Luca, ich habe von Familien gehört, in denen der Streit ums Erbe die geschwisterliche Gemeinschaft zerstört hat. Manche können dann nur noch über ihre Rechtsanwälte verkehren. Aber das kann ich mir bei Blaise und Jacqueline nicht vorstellen. Wie würden sie mit dieser neuen Situation fertigwerden? Sie, die Nonne Jacqueline, und er, der Weltmann Blaise?

Wie immer warte ich voller Spannung auf deinen nächsten Brief dazu.

Schreibe mir bitte bald,
dein Arne

24. Brief: Luca an Arne

Jacqueline ringt um ihr Erbe!

Lieber Arne,

mit deiner Bemerkung zum Erben hast du vermutlich unwissend den Nagel auf den Kopf getroffen. Genau darum kam es nun zu einem zähen Ringen zwischen Blaise und Jacqueline! Mit dem Eintritt ins Kloster hatte Jacqueline das Band geschwisterlicher Liebe zertrennt, das sie mit Blaise so innig zusammengeschlossen hatte! War er nicht nur der ältere Bruder, sondern auch der Mann in ihrer geschwisterlichen Beziehung? War er nicht im herrschenden Patriarchat auch der gesellschaftlich Mächtigere von beiden? War er nicht für seinen unbeugsamen Willen bekannt?

Als er von Jacquelines Schritt ins Kloster erfuhr, verstummte er total. Vergeblich richtete Jacqueline mehrere Briefe an ihn. Sie bat ihn inständig, ihren Ordenseintritt gutzuheißen. Von rechtlicher Seite war seine Zustimmung zwar nicht erforderlich, aber sie wollte sich nicht mit Blaise entzweien. Doch nun türmte sich eine unüberwindliche Klippe vor ihr auf. Sie wollte unbedingt ihr Erbteil ins Kloster einbringen. Das war nur möglich, solange sie noch nicht als Nonne eingeweiht war und noch ihre bürgerlichen Rechte besaß, die sie mit ihrer Weihe zur Nonne verloren hätte! Sie schrieb und rang und flehte um seine Zustimmung zur Verteilung des Erbes. Doch Blaise reagierte nicht! Er war verletzt, verbittert und versteinert. Er antwortete ihr auf keinen ihrer Briefe auch nur ein einziges Wort! Er weigerte sich, sie im Kloster zu besuchen. Er schwieg eisern, äußerlich versteinert, innerlich abwechselnd in kalter Erbitterung erstarrt oder von heißer Wut durchglüht! Er war voller Vorwürfe: Wie konnte Jacqueline das

Band zwischen ihnen so unbarmherzig zerreißen? Trotz ihres flehentlichen Bittens verweigerte er sich jeder Form eines Kontakts mit ihr, jedes Schritts zu einer Versöhnung! Trotz ihrer innigen Geschichte geschwisterlicher Verbundenheit reagierte er so unerbittlich, oder war es gerade deswegen?!

Sein Kampf mit ihr erschöpfte sich aber nicht nur in beharrlichem Schweigen! Ich schrieb es dir schon: Durch den Tod des Vaters war ihm ein letztes Druckmittel in die Hände gefallen, um Jacqueline von ihrem Klostereintritt abzuhalten und sie sich wieder gefügig zu machen. Er drohte, sie um ihr Erbteil zu bringen und setzte sie so unter Druck! Vater Étienne hatte in seinem Testament zwar alle drei Kinder zu gleichen Teilen bedacht. Aber wenn Jacqueline ihren Nonnenschleier vor dem Erhalt ihres Erbanteils genommen hätte, wäre ihr Erbteil verloren gewesen, denn als Nonne galt sie zivilrechtlich als tot! Blaise brauchte die Erbangelegenheiten nur lange genug künstlich hinauszuzögern und dabei hoffen, dass Jacqueline nicht noch länger mit ihrer Einkleidung würde warten wollen. Untergründig war er sich bewusst, wie schäbig er sich mit seinem erpresserischen Versuch verhielt! Doch in seiner verletzten Liebe war er sich nicht zu schade, sich seine geliebte Jacqueline auf diese Weise gefügig zu machen. Eine Verbündete fand er in seiner Schwester Gilberte und Schwager Florin, die von ganz anderen Motiven getrieben wurden. Sie sahen nicht ein, dass Jacqueline ihren Anteil des Erbes einem so reichen Kloster wie Port Royal in den Rachen werfen wollte; sie liebäugelten damit, ohne Jacqueline mit einem weit größeren Anteil am Erbe bedacht zu werden!

Listenreich zögerten Blaise, vereint mit Gilberte und Florin, die Erbangelegenheiten hinaus. Sie bauten darauf, dass Jacqueline nicht länger mit ihrem Eintritt würde warten wollen und dann rechtlich jeden Anspruch auf ihr Erbteil verloren hätte. Vergeblich rang Jacqueline mit ihrem Bruder in zwei Briefen darum, seine Haltung zu ändern: ein erster vom 7. März und ein zweiter, dreizehnseitiger vom 9. Mai 1652. Blaise antwortete ihr nicht. Um seine Schäbigkeit zu vergessen, floh er in die Vergnügungen der Pariser Salons. Oft hielt er sich auf seiner Flucht auch im Palais Roannez bei Arthus und dessen Schwester Charlotte auf, die ihm so herzlich zugeneigt war, ohne dass er ihre Liebe erwidern konnte.

Hin und her wogte unterdessen das Ringen der Geschwister. Jacqueline wollte ihr Erbteil nicht aufgeben, obwohl sich das Kloster Port Royal bereit erklärt hatte, sie auch ohne dasselbe aufzunehmen. Ihnen war Jacqueline mit ihrem Stand und ihren Gaben wertvoll genug. Aber Jacqueline, eine echte Pascal und ihrem Bruder an stolzem Sinn ebenbürtig, kämpfte entschlossen weiter. Obwohl sie ihm sogar den Verzicht auf die Hälfte ihres Anteils anbot, stieß sie weiterhin nicht nur bei Blaise, sondern auch bei Gilberte und Florin auf taube Ohren. Inzwischen war der größte Teil der Erbschaftsangelegenheiten im Sommer 1652 abgewickelt; aber noch immer zögerten Jacquelines Geschwister die Auszahlung ihres Anteils hinaus. Ihre Rechnung schien aufzugehen: Jacqueline würde mit ihrem endgültigen Eintritt ins Koster nicht bis ultimo, bis zur vollständigen Abwicklung und Aufteilung des komplexen väterlichen Erbes, warten wollen! Dann aber hätte sie alle ihre Ansprüche auf ihr Erbteil verloren!

Blaise versuchte sein rachsüchtiges Verhalten gegen Jacqueline in der Pariser Gesellschaft und ihren Vergnügungen zu vergessen; er lenkte sich beim Glücksspiel ab und soll sich sogar auf Liebesabenteuer eingelassen haben. Er wollte seinem hässlichen Schachern ums Erbe nicht ins Gesicht sehen. Dabei kam ihm zusätzlich noch sein technisches Projekt der Rechenmaschine zustatten, das seine ganze Konzentration forderte und ihn alles andere vergessen ließ. So ging die Zeit ins Land. Als Blaise jedoch erfuhr, dass Jacqueline im Mai 1653 erkrankte, regten sich sein Herz und sein Gewissen. Er konnte seine verhärtete Haltung gegen sie nicht mehr länger aufrechterhalten, liebte er sie doch nach wie vor so innig. Voller Sorgen fuhr er nach Paris, um sie zu besuchen.

Florin Périer ahnte, dass sein Schwager im Erbstreit umkippen könnte. Um das zu verhindern, schrieb er vorsorglich einen

Brief an Jacqueline, um sie abzuschrecken. Sie müsse wissen, dass sich die Erbfragen noch mindestens weitere vier Jahre hinziehen würden. Das tat er in der Hoffnung, dass sie so lange nicht mehr mit ihrer Einkleidung als Nonne würde abwarten wollen. Blaise jedoch konnte bei seiner bisherigen harten Linie nicht mehr bleiben. Zu innig war seine Beziehung zu seiner Schwester; zu heftig schlug sein Gewissen, er könnte mit diesem Schachern ums Geld ihre Liebe zerstören; zu schäbig war der Plan, seine geliebte Schwester um ihren Anteil des Erbes zu bringen! Doch noch immer war die Sache nicht ausgestanden. Hin und her wogte das Ringen zwischen Blaise und dem Kloster, zwischen ihm und Jacqueline, zwischen Gilberte mit Florin und ihm.

Am 4. Juni 1653, knapp ein Jahr nach dem Tod des Vaters, hatte sich Blaise endlich durchgerungen, seine Schwester Jaqueline einzubeziehen. Unter notariellem Beistand willigte er ein, ihr jährlich eine Leibrente von 1.500 Livres zukommen zu lassen. Er verpflichtete sie, ihm im Gegenzug von diesem Kapital sein Leben lang und gegebenenfalls durch seine Witwe eine jährliche Rente von 250 Livres auszusetzen. So verblieben dem Kloster jährlich 1.250 Livres, die Jacqueline als ihre Mitgift einbringen konnte. Nach dieser rechtlich bindenden Zusage schrieb Blaise an Gilberte: »Meine Schwester hat gestern, am Donnerstag, den 5. Juni 1653, ihre Gelübde abgelegt.« Jacqueline hatte mit ihrem Eintritt als Nonne keinen Tag länger gezögert; sie hatte wahrlich lange genug warten müssen, erst wegen ihres Vaters und dann um ihres Erbes willen!

Mit ihrem Gelübde waren die Würfel gefallen. Aber im Unsichtbaren geschah dadurch weit mehr! Blaise hatte die Vorherrschaft über Jacqueline endgültig verloren! Jacqueline hatte sich gegen ihn durchgesetzt, hatte seine Herrschaft über sie durch ihre Hingabe an einen Höheren, an Gott, aufgehoben! Sie gehörte fortan keinem Menschen mehr, auch ihrem Bruder nicht, sondern war allein das Eigentum des Höchsten. Da krampfte sich Pascals Herz zusammen. Seine leidenschaftliche Liebe schlug in erbitterten Hass um. Verletzt und zornig, wie er war, wurde er von abgründigen Gedanken hin- und hergerissen. Doch eines vermochte Blaise nicht: Er konnte Jacqueline nicht aus seinem Herzen reißen! Zu tief ging seine Liebe, zu übermächtig wuchs in ihm seine Sehnsucht nach ihr. Er konnte dauerhaft weder seine Gefühle für sie noch seine Sehnsucht nach ihr unterdrücken! Eines jedoch war im Unsichtbaren geschehen: Die Gewichte zwischen Bruder und Schwester hatten sich verschoben. Nun ging sie voran und ihm blieb nichts anderes übrig, als ihr zu folgen!

Ein Jahr lang hielt er es in seinem Groll und seiner Kränkung aus. Aber je länger die Zeit dahinging, desto mehr verblasste sein Zorn und verrauchten seine Rachegedanken. Er hielt es ohne Jacqueline nicht mehr aus und tat, was er sich nach ihrem Gelübde so streng verboten hatte: Er besuchte Jacqueline während des Sommers 1654 im Kloster Port-Royal. Damit begann eine neue, intensive Phase ihrer Beziehung, wenn auch nur durch ein Nonnengitter hindurch. Er wollte nur noch eines: sie nicht mehr verlieren, wollte ihr weiter wenn möglich jeden Tag begegnen und mit ihr sprechen!

Arne, was für ein Drama zwischen den beiden sich liebenden Geschwistern! Der siegesgewohnte Blaise hatte zum ersten Mal nachgegeben und sich auf ihre Führung eingelassen. Du wirst bestimmt gespannt sein, welche Folgen das für die beiden hat und wie die Geschichte ihrer geschwisterlichen Liebe weitergehen wird.

Dein Luca

Blaise und Jacqueline – schicksalhaft zusammengefügt

Lieber Luca,

was für eine Schwester, diese Jacqueline! Und was für eine tiefe Beziehung, die Blaise nicht kappen kann, um sich von seiner Schwester zu befreien! Was hätte das Gefüge dieser zwei Geschwister auseinanderbringen können? Mehr als natürliche Kräfte hätte nur die Fügung Gottes die beiden trennen können. Doch der stand als der eigentlich Fügende im Hintergrund! Würden die Geschwister durch ihr Getrenntsein in ihrer Liebe ermüden und ihre Beziehung langsam einschlafen? Oder würde etwas Neues geschehen? Die Nonne und der Weltmensch! Daraus könntest du, Luca, glatt einen Roman machen!

Ich bin auf deine Fortsetzung gespannt wie ein Flitzebogen! Lass mich nicht zu lange warten und schreibe mir bald,

dein Arne

Wie Jacqueline zur Führenden wurde

Lieber Arne,

du gebrauchst ein schönes Wortspiel, wenn du vom Gefüge der Geschwister Blaise und Jacqueline und von der Fügung Gottes als dem eigentlich Fügenden schreibst! Ich will deine Begrifflichkeit aufgreifen, die nicht nur im kirchlichen Raum beliebt ist, sondern die wir Menschen gern verwenden, wenn Passendes ohne Mühe zueinanderfindet und sich verbindet. Bei Blaise und Jacqueline Pascal bewirkte das die Macht ihrer Liebe, durch die beide zusammengefügt wurden, allerdings erst, als Blaise seinen Eigenwillen und seine Bitterkeit gegen seine Schwester überwunden hatte! Danach erlebten sie eine neue, religiöse Verbundenheit, die nicht nur die Wiederherstellung der alten war. Denn jetzt verschoben sich die Gewichte zwischen Blaise und Jacqueline. Bisher war Blaise vorangegangen und hatte als älterer Bruder und Mann wie selbstverständlich die Rolle des Führenden wahrgenommen. Nach ihrer geistlichen Entscheidung übernahm Jacqueline durch ihre bedingungslose Gottesliebe auf ihre beharrlich stille Weise die Führung in ihrem Verhältnis.

Neben seiner alten Leidenschaft der mathematisch-physikalischen Welten tat sich für Blaise eine neue auf: seine still wachsende Sehnsucht nach Gott. Hier konnte der glasklare Denker, der beharrliche Forscher und der messerscharfe Rationalist wenig ausrichten, denn hier war eine andere Vernunft, die des Herzens, gefragt! Jacqueline ging nun in ihrer scheinbar schwachen, zerbrechlichen Weiblichkeit im Glauben voran und Blaise wollte nichts anders mehr als ihr folgen, um weiterhin mit ihr verbunden zu bleiben. Unausweichlich stellte sie mit ihrer Existenz ihren geliebten Bruder jedoch vor die radikale Herausforderung des Glaubens: alles im Leben der Gottesliebe unterzuordnen! Die Wirkungen ihres untergründigen Einflusses zeigten sich zuerst an Blaises vergeblichen Versuchen, Jacqueline und ihr klösterliches Leben zu vergessen. Dazu konnte er sich für längere Zeit ganz in seiner wissenschaftlichen Konzentration versenken. Auch konnte er sich mit weltlichen Zerstreuungen betäuben. Aber eines konnte er nicht: Jacqueline aus seinen Gedanken und seinem Herzen reißen!

Arne, allen Fluchtversuchen zum Trotz musste die Geschichte Pascals auch im Religiösen weitergehen. Wie, davon ein späteres Mal mehr,

dein Luca

27. Brief: Arne an Luca

Blaise Pascals Gotteserfahrung

Lieber Luca,

danke, dass du mir die Schicksale der Pascals bisher so nahegebracht hast. Bei ihnen scheinen sich die Fäden der Beziehungen und Erlebnisse schicksalshaft zu umschlingen. Was wäre gewesen, wenn ihr Vater sich nicht das Bein gebrochen hätte? Wie hätte Blaise weitergelebt, wenn er nicht wie durch ein Wunder einem schweren Kutschunfall entgangen wäre? Wie wäre ihr Leben weitergegangen, wenn Jacqueline das gesellschaftliche Leben und nicht das Kloster erwählt hätte? Offensichtlich wäre dann die Geschichte anders weitergegangen. Aber solche Gedanken bleiben im Irrealen stecken: Was wäre, wenn … Es war aber nicht so, Luca! Wenn es nicht so despektierlich wäre, fiele mir die alte Redeweise ein: »Wenn meine Oma Räder hätte, wäre sie ein Omnibus!«

Scherz beiseite: Hat Blaise einen religiösen Führer oder eine religiöse Gemeinschaft gefunden? Hat er Außerordentliches erlebt? Wie ging seine religiöse Geschichte weiter? Denn ohne eine besondere Gotteserfahrung lässt sich seine Geschichte nicht verstehen. So viel ahne ich schon jetzt. Der Einbruch des Transzendenten ins Immanente, die lebendige Gotteserfahrung eines Menschen hat mich schon immer fasziniert und interessiert mich bei Blaise Pascal besonders! Du weißt bestimmt Genaueres und kannst meine Wissbegierde stillen!

Dein Arne

Gott bricht durch –
nun auch bei Blaise

Lieber Arne,

deine Fragen zielen ins Schwarze. Um sie jedoch gründlich zu beantworten, muss ich nochmals weit ausholen und bin froh, dass du dich über die Länge meines letzten Briefes nicht beschwert hast. Das lässt mich hoffen, dass du dich auch über diesen nicht beklagen wirst. Denn was geschah nach Jacquelines Klostereintritt? Dass daraus Einschneidendes für Blaise folgen würde, konnte bei ihrer engen Beziehung nicht ausbleiben! Denn durch Jacqueline wurde er unausweichlich mit der Gottesfrage konfrontiert! Das ging so weit, dass er sich in Port Royal zurückzog, um dort leidenschaftlich mit Gott zu ringen. Als er wieder zu Hause war, betete er ganze Nächte durch, las die Bibel, vergaß zu essen, sich umzukleiden und zu waschen. Morgens ging er dann zum Vorort Saint-Jacques, wo Jacqueline ihn erwartete und ihm oft stundenlang zuhörte.

Als Blaise am Morgen des 21. Novembers 1654 Jacqueline wieder besuchen wollte, traf er sie nicht an. Da führte man ihn in die Zelle Singlins zu Jacquelines Seelsorger. Nach längerem Schweigen brach es aus Blaise wie aus einem Sturzbach heraus: Er sprach und sprach, während ihm Singlin zuhörte und wenig sagte. Dann riet er ihm zu meditieren, zu beten, die Bibel zu lesen und sich zu Exerzitien in seinem Haus einzuschließen. Er sollte niemanden sehen, bis er zum Frieden gefunden hätte, wenn es nötig wäre, sogar mehrere Tage. Diesem Rat folgte Pascal konsequent. Daher schickte Blaise die Defaults und seinen Diener weg, um allein zu bleiben. Er ging nicht mehr aus, nahm keine Nahrung zu sich, er trank nicht und schlief nicht, sondern widmete sich über zwei Tage ausschließlich der Bibel.

Seit Jacqueline ihr feierliches Gelübde am 5. Juni 1653 abgelegt hatte, hatten Blaise seine Fluchtversuche vor Gott und sein inneres Ringen um ihn schon über ein knappes Jahr hin- und hergerissen. Wund gerieben hatte er sich am Ewigen! Dünn war die Wand zwischen ihm und Gott, zwischen seiner messerscharfen Rationalität und dem Transzendenten geworden. Da überwältigte ihn Gott in der Nacht des 23. Novembers 1654. Was er in den zwei Stunden zwischen 22.30 und 0.30 Uhr erlebte, hat er unmittelbar danach auf zwei Blättern festgehalten und sie als sein innerstes Geheimnis immer – vor allen verborgen – bei sich getragen. Arne, diese Blätter wurden erst nach seinem Tod entdeckt. Sie sind als sein *Memorial* in die Geschichte eingegangen! Hier gebe ich dir die Übersetzung und ein Faksimile des Originals wieder:

»Im Jahre der Gnade 1654
Montag, 23. November, Tag des heiligen Clemens, des Papstes
und Märtyrers und anderer im Martyrologium,
Vigil des heiligen Chrysogonus, des Märtyrers, und anderer.
Seit ungefähr halb elf Uhr abends bis ungefähr eine halbe Stunde nach Mitternacht.

Feuer
Der Gott Abrahams, Isaacs, Gott Jakobs,
nicht der Philosophen und der Gelehrten. ...[11]
... Gewissheit. Gewissheit. Empfindung. Freude. Friede.
Gott Jesu Christi.
Deum meum et deum vestrum[12]
Dein Gott soll mein Gott sein.

---

11 Siehe https://upload.wikimedia.org/wikipedia/commons/f/f9/Mémorial_
de_Pascal_autographe_%28Brunschwicg%29.jpg, Zugriff 16.5.2022.
12 »Meinen Gott und euren Gott«, Joh 20,17.

Vergessen der Welt und aller Dinge, ausgenommen Gott.
Er wird nur auf den Wegen gefunden, die im Evangelium gelehrt
sind.

Größe der menschlichen Seele
Gerechter Vater, die Welt hat dich nicht erkannt, aber ich habe
dich erkannt.
Freude, Freude, Freude, Tränen der Freude.
Ich habe mich von ihm getrennt: -----------
Dereliquerunt me fontem aquae vivae.[13]
Mein Gott, wirst du mich verlassen? -----------
Möge ich nicht auf ewig von ihm getrennt werden.
Dies ist aber das ewige Leben, dass sie dich erkennen, den ein-
zigen, wahren
Gott, und den du gesandt hast, Jesus Christus.[14]
Jesus Christus. --------

Jesus Christus. --------
Ich habe mich von ihm getrennt; ich bin vor ihm geflohen, ich
habe ihn verleugnet, gekreuzigt. ----------
Möge ich nie von ihm getrennt sein. -------
Er wird nur auf den Wegen bewahrt, die im Evangelium gelehrt
sind.
Vollkommene Entsagung. (....)«[15]

---

13 »Sie haben mich, die Quelle des lebendigen Wassers, verlassen«
(Jer 2,13).
14 Joh 17,3 (Das ist auch Louis Harms Bekehrungswort).
15 Siehe https://www.nwerle.at/memorial.htm, Zugriff 25. 3. 2021. Dort
finden sich ergänzt die Zeilen: »Unterwerfung unter Jesus Christus und
meinen geistlichen Berater. Ewige Freude für einen Tag der Mühe auf
Erden. Non obliviscar sermones tuos. Amen. [Ich vergesse deine Worte
nicht. (Psalm 119,16)]«.

LE "MEMORIAL" AUTOGRAPHE DE PASCAL.

(FAC-SIMILÉ RÉDUIT.)

Dieses *Memorial* als überwältigendes Zeugnis seiner Gotteserfahrung hatte Blaise unmittelbar nach seinem Erlebnis niedergeschrieben. Wenn du es liest, Arne, wirst auch du seinen stammelnden Worten abspüren, dass sie noch ganz von der Herrlichkeit Gottes durchglüht sind, lebendige Zeugnisse seiner tiefen Berührung! Nach außen verbarg er sein Memorial, dieses Zeugnis des Einbruchs der Ewigkeit, sein Leben lang vor allen anderen als sein innerstes Geheimnis. In den knapp acht Jahren, die ihm noch blieben, wusste niemand davon, weder von seiner Gotteserfahrung noch von seinem *Memorial*, seiner schriftlichen Erinnerung daran; doch eine Ausnahme sollte ihn eines Besseren belehren.

Verständlich, dass Blaise dem Menschen, der ihm am nächsten stand, seine Gotteserfahrung mitteilen wollte. Wer anderes konnte das sein als Jacqueline? Er machte sich zu Fuß zu ihr auf, um ihr von seinem erschütternden Widerfahrnis zu berichten. Durch das Gitter des Besucherzimmers folgte Jaqueline lange den Erzählungen von seiner Nacht der Bekehrung. Schließlich aber unterbrach sie ihn und machte sich über den *Neubekehrten* lustig, wie sie ihn nannte. Er versicherte ihr, dass es ihm ernst damit wäre, dass er sich von Grund auf verändert hätte, dass er mehr davon verstehen wollte und daher einen Gewissenslenker bräuchte. Jacqueline war noch immer widerständig, ausgerechnet Blaise! Er war doch stets sein eigener Richter gewesen und hatte nie akzeptiert, dass ihm jemand sein Verhalten vorgeschrieben hätte. Trotz aller ihrer Bedenken beharrte Blaise darauf, mit einem geistlichen Führer zu sprechen. Jacqueline reagierte angesichts dieser unerwarteten und für sie unglaublichen Wende noch immer verwundert und war wenig überzeugt von dem Gehörten, vermittelte ihren Bruder aber an Singlin. Nach einigem Zögern nahm Blaise dieses Gesprächsangebot an. Singlin riet ihm, seine adligen Bekanntschaften mehr für Port Royal zu interessieren und sich selbst dieser Bewegung enger anzuschließen. Aber weder ein missionarisches Wirken noch ein Eremitendasein im Kloster waren Pascals Sache. Er musste seinen eigenen Weg finden!

Damals hat er auch begreifen müssen, dass er seine Gotteserfahrung nicht einmal einem ihm so nahen Menschen wie Jacqueline hatte übermitteln können. Ihre missverstehende Reaktion brachte ihn dazu, sein *Memorial* mit den Ereignissen dieser Nacht niemandem mehr zu zeigen oder davon zu erzählen, sondern als sein innerstes Geheimnis für sich zu behalten. Blaise beauftragte seinen Diener, die beiden gefalteten Blätter ins Futter seiner Weste einzunähen. Bei einem Kleiderwechsel las er sich sein *Memorial* vor dem Wiedereinnähen noch einmal durch. Außer seinem Diener wusste niemand von seinem verborgenen Zeugnis. Da dieser mit Sicherheit des Lesens und Schreibens unkundig war, hatte er Pascals *Memorial* jeweils aus der alten Weste herauszutrennen und in die neue einzunähen, ohne seinen Inhalt zu kennen. Auf diese Weise begleitete Blaise sein *Memorial* das ganze Leben lang hautnah und kam erst nach seinem Tod zutage.

Damit breche ich hier ab, Arne. Sonst wird mein Brief nicht rechtzeitig fertig und soll dich doch mit der nächsten Post erreichen! Du wirst bestimmt genauer herausfinden wollen, wie Pascals *Memorial* dann doch entdeckt wurde, doch davon später mehr!

Für heute nur meine herzlichsten Grüße,
dein Luca

Wie konnte das »Memorial« entdeckt werden?

Lieber Luca,

du ahnst meine Neugier: Wie konnte Pascals so gut gehütetes Geheimnis dann doch entdeckt werden? Außer ihm wusste niemand davon – höchstens äußerlich gesehen sein Diener, der es beim Kleiderwechsel umnähen musste. Wie leicht hätte ihm sein Rock mit dem im Futter verborgenen *Memorial* als Letztes mit ins Grab gegeben werden können! Hier zeigt sich mir ein eigentümlicher Widerspruch geheimer Schriften: Wie geheim auch immer sie sind, mindestens ein Mensch soll sie lesen, auch wenn es nur zu einem späteren Zeitpunkt der Verfasser selbst wäre! Pascal hielt sein *Memorial* geheim. Und doch hat er es niedergeschrieben und sorgfältig aufbewahrt. Er hätte es kurz vor seinem Tod noch vernichten können, wenn er sein Geheimnis mit ins Grab hätte nehmen wollen. Aber er überließ es dem Schicksal, ob es entdeckt werden würde oder nicht!

Wenn du mich fragst, war es kein allzu großes Wunder, dass sein *Memorial* dann tatsächlich gefunden wurde. Denn sein Diener war eingeweiht, der es immer aufs Neue aus dem alten Rock heraustrennen und in den neuen einnähen musste! Doch bin ich zu neugierig, um noch weiter zu spekulieren. Du wirst mir schon verraten, wie es entdeckt wurde!

Herzlichst,
dein Arne

30. Brief: Luca an Arne

Der Weg zur Entdeckung des »Memorials«

Lieber Arne,
du hast schon eine richtige Ahnung gehabt. Zuvor jedoch einmal grundsätzlich: Ein Geheimnis, das niemand weiß, bleibt leer und langweilig. Aber eines, das für eine bestimmte Zeit oder vor bestimmten Menschen verborgen bleiben soll, macht Sinn und natürlich auch neugierig!

Wie Pascals Geheimnis entdeckt wurde? Ich folge in freier Weise dem Bericht seines Biografen Attali: Nach Pascals Tod zogen die Périers im Oktober 1662 in die Wohnung von Blaise ein, die fast leer war. Dort trafen sich die alten Freunde Herzog Roannez, Antoine Arnauld und einige andere. Schließlich begann ein großes Stöbern und Suchen, die Stimmung schwankte zwischen Trauern, Weinen und Lachen hin und her! Der stachlige Eisengürtel tauchte auf, mit dem sich Pascal gezüchtigt hatte. Als sein Testament gefunden wurde, konnten seine wenigen Habseligkeiten verteilt werden. Dabei tauchten auch viele ungeordnete Manuskripte auf. Ein Papier jedoch zog die Aufmerksamkeit der Versammelten sofort auf sich: Man fand es in der Kleidung des Verstorbenen, ein eingenähtes Schriftstück, das sich von außen durch ein leises Knistern verriet! Es war ein zusammengefaltetes Blatt und seine Kopie: Arne, das *Memorial*, wie es später genannt wurde!

Nach einer anderen Erzähltradition wurde seine Existenz durch den Diener aufgedeckt, der als Einziger von dem Geheimnis der eingenähten Blätter wissen konnte. Doch wie auch immer es entdeckt wurde, Arne, Hauptsache ist doch, dass dieser Schlüssel zu Blaise Pascal und seinem Glauben nicht verloren gegangen ist! Ich rufe dir seinen ersten Satz in Erinnerung:

»Der Gott Abrahams, Isaacs, Gott Jakobs, nicht der Philosophen und der Gelehrten.«

Arne, dieses Bekenntnis Pascals ist mir deshalb so wichtig, weil er darin das Verhältnis von Gott und Mensch gleich zu Beginn grundsätzlich religiös bestimmt! Denn Philosophen und Gelehrte pflegen über Gott nachzudenken. Aber sie machen ihn mit ihrem Denken zum Gegenstand, d. h. zum Objekt ihrer Spekulationen und Deutungen. Wann immer das geschieht, erhebt sich der denkende Mensch als Subjekt über sein Objekt; er macht in seinem Denken Gott zu seinem »Gegenstand«! Damit gerät er in einen unlösbaren Widerspruch: Denn der lebendige Gott lässt sich nicht zum Objekt machen, weil er als Subjekt aller über allem und in allem steht, auch über Philosophen und Gelehrte, über ihren Begriffen und Definitionen! Bildlich gesprochen ist er die Mitte des Kreises, die sich niemals auf der Kreislinie verorten lässt, auf der die Geschöpfe und insbesondere auch der Mensch und seine Kultur verortet sind! So bekennt ihn Pascal als den Gott Abrahams, Isaaks und Jakobs, der sich nicht theoretisch vereinnahmen lässt, sondern seine Spuren in die Geschichte, in die Glaubenden und ihr Zeugnis einprägt.

Er selbst bleibt jedoch als Lebendiger noch immer in der unsichtbaren Mitte seiner Offenbarungen verborgen! Wie er die Väter aus ihrer vertrauten Heimat auf einen Weg ins Unbekannte herausrief, so beruft er durch alle Zeiten hindurch Menschen, wie die jüdisch-christliche Religion bezeugt! Ohne Nachfolge, ohne Einsatz des Lebens, ohne das Wagnis der Nachfolge auf seinem Weg lässt sich der Gott Abrahams, Isaaks und Jakobs nicht erfahren! Hier findest du das unaufgebbare Zeichen des wahren Gottes: Er ist weder nur ein Gedanke noch ein Konstrukt der Menschen, sondern er hat sie umgekehrt durch seine Offenbarung, seine lebendige Selbstmitteilung überwältigt, wie er auch Pascal als Gott Abrahams, Isaaks und Jakobs überwunden hat!

Der HERR, wie das Besondere seines Eigennamens *Jahwe* in der Lutherbibel wiedergegeben wird, um ihn von der allgemeinen Bezeichnung »Gott« zu unterscheiden, ist kein HERR, der sich gedanklich oder wissenschaftlich vereinnahmen ließe wie ein Rechenkalkül! Sondern umgekehrt verhält es sich mit diesem HERRN: Er erfasst den Menschen, er durchpulst ihn als der Lebendige, erwärmt ihn als seine Liebe und erleuchtet ihn als seine Wahrheit. Aber er lässt ihn auch Entfremdung und Verborgenheit, Leiden und Gericht erfahren. Er ist wie das Feuer, das erleuchten und erwärmen kann, aber auch verbrennen und verzehren. Alles Dasein geht aus ihm hervor und alle Geschichte wird durch ihn bewegt. Dieser Gott und Geist, wie ihn die Bibel bezeugt, beschlagnahmte auch Blaise Pascal. Er nahm sein Herz und seinen Verstand, seine Seele und seinen Körper mit allen Sinnen in Beschlag! Dieser HERR offenbarte sich Blaise, wie er auch schon seine geliebte Schwester Jacqueline überwältigt hatte. Er war ihm kein theoretischer Begriff mehr, sondern lebendige Wirklichkeit geworden! Niemand würde sein Leben für einen blassen Gedanken oder leere Worte hingeben; aber für den HERRN schon, der als der Lebendige überwältigt: für ihn ganz und gar und für immer!

In diesem Gott und HERRN waren die Geschwister Blaise und Jacqueline endlich wieder vereint: im gleichen Glauben an den Höchsten, in gleicher Ergriffenheit durch ihn, den Gott der Väter, in gleicher Theozentrik, in gleicher Liebe Gottes und in gleicher Liebe zu ihm als dem Ersten und Letzten, dem Tiefgründigsten und Höchsten! Arne, spürst du mein Stammeln? Der Höchste sprengt alle Begriffe!

Wie es dazu kam? Ich will dich noch einmal daran erinnern: Jacqueline war mit ihrer bedingungslosen Hingabe an Gott zur Führenden geworden. Sie hatte in Blaise eine leidenschaftliche, schmerzliche Gottsuche geweckt, die endlich in der beglückenden Erfahrung gipfelte, die sein *Memorial* bezeugt. Was für ein

Geschwisterpaar, das nicht nur durch die Natur, sondern nun auch durch seine außerordentlichen Gotteserfahrungen verbunden war! Du kannst daher neugierig bleiben, Arne, was daraus erwuchs. Das allerdings würde meinen heute ohnehin schon langen Brief sprengen.

Daher schließe ich für heute mit herzlichen Grüßen,
dein Luca

Aufhören, wenn es am schönsten ist ...

Lieber Luca,
gerade fiel mir ein Vergleich ein, den ich dir nicht vorenthalten will, was das *Memorial* mit dem Durchbruch der Gotteserfahrung bei Blaise Pascal angeht.

Ich habe mir sagen lassen, in deutschen Liebesgeschichten fänden zwei Liebende durch viele Irrungen und Wirrungen hindurch zueinander, wo sie sich endlich ihre Liebe gestehen. Dann folgt eine tiefe Umarmung, ein leidenschaftlicher Kuss, eine innige Vereinigung und zu Ende ist der deutsche Liebesroman.

Bei den Franzosen dagegen soll das anders sein; denn bei ihnen beginnt der Roman mit dem Geständnis der Liebe, um dann die Geschichte ihrer Liebe zu erzählen!

Da Pascal ein Franzose ist, kann auch seine Geschichte hier nicht enden, sondern beginnt gerade erst! Das jedenfalls ist meine Hoffnung!

Nach einer langen Suche war Pascal endlich zu einer tiefen Erfahrung Gottes hindurchgedrungen. Davon legt sein *Memorial* ein so eindrückliches Zeugnis ab. Er hatte den Gipfel der Gottesliebe in seiner Vereinigung mit dem Ewigen erfahren. Mit dieser Krönung könnte seine Geschichte gut deutsch verstanden aufhören. Er hatte zu Gott gefunden und Gott zu ihm. Mit diesem Gipfel war eine Vollendung der Geschichte Blaise Pascals erreicht, die zugleich ihr Ende sein könnte! Höheres konnte ihm nicht widerfahren!

Aber wie ich dich kenne, Luca, wirst du dich mit dem Bisherigen und dem Gipfel des *Memorials* nicht zufriedengeben. Daher bin ich gespannt, welchen Weg du mit mir einschlagen willst, um die Geschichte Pascals weiterzuverfolgen.

In dieser Hoffnung sei mir herzlich gegrüßt,
dein Arne

32. Brief: Luca an Arne

Ein doppelter Vorschlag

Lieber Arne,

du ahnst schon richtig, dass ich über seine Gipfelerfahrung hinaus schon eine Idee für das Weitere habe. Dahinter steckt eine ganz einfache Wahrheit: Nach dem Aufstieg in die Höhen der Gotteserfahrung muss doch auch der Abstieg in die Lebenswirklichkeit erfolgen!

Dazu fallen mir zwei Begriffe aus der griechischen Philosophie ein, die genau diesen Weg weisen: Dort weiß man von der Anabasis – dem Aufstieg –, dem die Katabasis – der Abstieg folgen muss. Es reicht demnach nicht, bis zu den geistigen Höhen des *Memorials* hinaufgestiegen zu sein und sich dort in der innersten Mitte Pascalscher Gotteserfahrung zu sonnen! In himmlischen Höhen kann kein Sterblicher dauerhaft verweilen; allein sein Körper nötigt ihn, sich wieder in die Tiefen irdischer Bedürfnisse zu begeben. Dabei kann ein solcher Abstieg – Bergerfahrene wissen das – mindesten ebenso mühsam und wagnisreich sein wie der Aufstieg!

Dazu fiel mir ein Beispiel aus dem Evangelium ein. Die Jünger waren mit Jesus auf den Berg der Verklärung gestiegen und hatten den Himmel offen gesehen. Sie erlebten dort oben Jesus im Gespräch mit Mose und Elia. Da schlug ihr Wortführer Petrus vor (Mt 17,4): *»Herr, hier ist gut sein! Willst du, so will ich hier drei Hütten bauen, dir eine, Mose eine und Elia eine.«* Er sprach den uralten Traum des Menschen aus, den Himmel auf Erden festzuhalten! Doch dazu kam es nicht. Als dieser Moment der Ewigkeit vorüberging, in dem die Jünger vom Göttlichen überwältigt niedergefallen waren, heißt es (Mt 17,8): *Als sie aber ihre Augen aufhoben, sahen sie niemand als Jesus allein.*

So hat es auch mit Blaise Pascal weitergehen müssen und mit allen, denen außerordentliche Gotteserfahrungen zuteilwerden! Wer bei dem Gipfelerlebnis seines *Memorials* stehen bleiben wollte, würde den ebenso wichtigen Abstieg in seine Lebenswirklichkeit versäumen! Denn die himmlische Verklärung will im Irdischen ihre Spuren hinterlassen. Auch dafür findest du am Ende der Verklärungsgeschichte im Matthäusevangelium ein allerdings wenig rühmliches Beispiel der Jünger (Mt 17,14-21):

Und als sie zu dem Volk kamen, trat ein Mensch zu ihm, kniete vor ihm nieder und sprach: Herr, erbarme dich über meinen Sohn! Denn er ist mondsüchtig und hat schwer zu leiden; er fällt oft ins Feuer und oft ins Wasser; und ich habe ihn zu deinen Jüngern gebracht und sie konnten ihm nicht helfen. Jesus aber antwortete und sprach: O du ungläubiges und verkehrtes Geschlecht, wie lange soll ich bei euch sein? Wie lange soll ich euch ertragen? Bringt ihn mir her! Und Jesus bedrohte ihn; und der Dämon fuhr aus von ihm, und der Knabe wurde gesund zu derselben Stunde. Da traten die Jünger zu Jesus, als sie allein waren, und sprachen: Warum konnten wir ihn nicht austreiben? Er aber sprach zu ihnen: Wegen eures Kleinglaubens. Denn wahrlich, ich sage euch: Wenn ihr Glauben habt wie ein Senfkorn, so könnt ihr sagen zu diesem Berge: Heb dich dorthin!, so wird er sich heben; und euch wird nichts unmöglich sein.

Diese biblische Geschichte steht für mich beispielhaft für alle großen Gottesbegegnungen. Auch der Abstieg aus den Höhen des Pascalschen *Memorials* war der Gefahr des Kleinmuts ausgesetzt.

Belassen wir also den Bericht in seiner elementaren Kargheit. Aber in seinen Folgen können wir ihm sehr wohl nachspüren: Ich denke an die mehr als neunhundert Fragmente seiner *Pensées*, Arne, an deren Fülle wir allerdings verzagen könnten!

Daher will ich vorschlagen, dass wir uns exemplarisch einige wenige heraussuchen, um diesem großen Denker Pascal auf die Spur zu kommen.

Wie findest du das?

Herzlichst,
dein Luca

Ein guter Vorschlag

Lieber Luca,
als ich mir die *Pensées* zum ersten Mal vorgenommen habe,
musste ich schlucken. Wie wollen wir diese Fülle dazu noch so
verschiedener Fragmente bewältigen? Wie willst du sie auf einen Nenner bringen? Wie können wir beide sie auswählen? Da
kommt mir dein Vorschlag wie gerufen! Ein paar wenige aus über
neunhundert! Aber welche? Wie hier die wichtigen von den ne-
bensächlichen unterscheiden? Damit bin ich völlig überfordert,
wie du dir denken kannst. – Doch halt! Nur ein Vorschlag ist mir
eingefallen. Spielt nicht der Gedanke der Unendlichkeit bei Pascal
eine große Rolle? Könnte der zu einem seiner tiefsten gehören
und wir gleich damit beginnen? Denn wie ich dich kenne, wirst
auch du drei oder vier weitere aus seinen zahlreichen Fragmenten
im Auge haben! Was hältst du also von meinem Vorschlag?

Viele Grüße,
dein Arne

Pascals Denken zwischen zwei Unendlichkeiten. Das Fragment 72

Lieber Arne,

du hast mir aus dem Herzen gesprochen! Einige wenige Fragmente sollten uns genügen! Wer mehr will, kann sich jederzeit die *Pensées* selbst vornehmen! Ich will gleich mit dem Fragment über die Unendlichkeiten beginnen, das für mich zu einem wichtigen, wenn nicht zum wichtigsten Gedanken Pascals gehört! Ich vermute allerdings, dass viele Leser und Leserinnen die Unendlichkeit bisher noch nicht konsequent bis zu Ende gedacht haben. Zudem: Nicht nur die mathematische Unendlichkeit, sondern auch die wirkliche ist für Pascal im Kosmos doppelt zu entdecken, als Unendlichkeit im Kleinsten und im Größten! Das hat Pascal in seinem 72. Fragment gründlich durchdacht.[16] Ob hier ein, wenn nicht der Schlüssel zum Wirklichkeitsverständnis Pascals liegt? Die beiden Unendlichkeiten erstrecken sich ins Riesige und ins Winzige jeweils unendlich. Das ist wörtlich zu verstehen: Pascal lässt den Begriff des Grenzwerts beiseite, bei dem sich ein Wert nicht mehr merklich verändert, wenn man ihn um eines vermehrt oder vermindert. Er denkt das Unendliche grundsätzlich rein, d. h. ohne ein Ende!

Unsere Vorstellungskraft kann den Gedanken von den beiden Unendlichkeiten kaum fassen, weil alle unsere Eindrücke, Vor-

---

16 Der Übersichtlichhheit halber ist das Fragment 72 über die Unendlichkeit im Anhang II abgedruckt.

stellungen und Einsichten am Endlichen gebildet werden und nur innerhalb der Sphäre des Endlichen existieren. Stell dir allein die Theorie vom Urknall vor. Demnach war der Ursprung unseres Weltalls eine kleine, überdichte Kugel, die explodierte und seither bis in diese Stunde hinein expandiert. Damit aber ist das Weltall verendlicht. Das gilt dann nicht mehr, wenn das Weltall nach seiner maximalen Expansion wieder bis auf eine Kugel unendlicher Dichte zusammenschrumpft, um dann wieder zu expandieren. Der Kosmos würde gleichsam in unvorstellbar langen Zeiträumen ein- und ausatmen, zusammenschrumpfen und sich wieder ausdehnen!

Wenn ich das unendlich Kleine zu denken versuche, stelle ich mir vor, dass es durch endlose Teilung schließlich so winzig wird, dass es sich vom Nichts nicht mehr unterscheiden lässt. Deswegen bestimmt man das unendlich Kleine mithilfe seines Grenzwerts als null, weil es bei unendlicher Teilung gegen null geht. Aber Pascal dachte schärfer: Selbst das kleinste Etwas, wenn es geteilt wird, ist nicht Nichts und die Null daher nicht wirklich erreicht! Entschieden widerspricht Pascal diesem Grenzwertdenken, weil auch das unendlich Kleine ein Etwas ist, das sich als dieses Etwas wiederum teilen lässt, sodass jedes kleinste Kleine noch immer ein Etwas ist, das sich weiter ohne Ende bis ins Unendliche teilen lässt. Umgekehrt lässt sich zum unendlich Großen immer noch eins hinzufügen und damit ebenfalls ohne Ende vergrößern. Arne, ich spüre fast eine Gänsehaut angesichts der Größe dieses Gedankens, der es wagt, das Unendliche in beiden Richtungen rein, d. h. ohne Ende zu denken!

Was für ein gewaltiger Gedankenkreis! Die streng gedachte Unendlichkeit endet weder im Kleinsten bei der Null noch im Größten beim Unendlichen als einem Grenzwert! Nach Pascal wäre es damit nicht streng genug gedacht worden, da das Unendliche in beiden Richtungen tatsächlich ohne Ende ist und durch eine Hinzufügung einer Null direkt hinter dem Komma verkleinert oder durch Hinzufügen einer Eins vor dem Komma vergrößert werden kann. Denn wenn das Kleinste oder das

Größte wirklich ein Etwas ist, dann lässt sich dieses Etwas noch immer vergrößern oder verkleinern, ohne Ende! So denkt Pascal tatsächlich die Unendlichkeit im strengen Sinne des Wortes ohne Ende! Erst wenn du bereit bist, mit ihm diese beiden Unendlichkeiten auch streng unendlich zu denken, beginnst du Pascal zu verstehen, Arne!

Ich will dir bekennen, dass es selbst mir schwer genug fällt, das zu denken! Denn während ich diese Gedanken niederschreibe, merke ich, wie meine Gehirnwindungen gleichsam ächzen, weil ich mir als endlicher Mensch in einem endlichen Kosmos mit endlichen Gedanken das Unendliche kaum vorstellen kann und doch Pascal folgen will, der es rein und konsequent denkt, selbst wenn es jede Vorstellungskraft übersteigt! Seine Strenge und Kühnheit seines Denkens faszinieren mich! Noch mehr beeindruckt mich, dass er die Unendlichkeit in beide Richtungen verfolgt, zum unendlich Kleinen und zum unendlich Großen hin! Der Mensch existiert gleichsam in der Mitte zwischen beiden Unendlichkeiten, ohne je einen festen Halt auf einer der beiden Seiten finden zu können. Er schwebt in der Mitte, ausgespannt zwischen dem unendlich Kleinen und dem unendlich Großen.

Arne, was für ein gewaltiges Fragment eines tiefgründigen Denkers, der die äußersten Grenzen des Kosmos und des menschlichen Denkens im Kleinsten wie im Größten so messerscharf durchdacht hat! Denn in unserer Alltäglichkeit leben wir in der Beschränktheit unseres Ortes, unseres Bundeslandes, unseres Deutschlands und unserer Erde. Und damit hört unser Denken gewöhnlich auf, wenn wir nicht in sternklarer Nacht jenseits des Streulichts der künstlichen Beleuchtung einen Blick in die Unermesslichkeit der Sternenwelt tun können! Deswegen will ich dir dieses Fragment nicht auslegen, um mit meinen dürren Worten die Größe des Pascalschen Wurfes zu verderben, sondern empfehle dir, Arne, was ich mir selbst zur Aufgabe gemacht habe: dieses Fragment des Öfteren zu lesen und zu verinnerlichen! Für dich wiederhole ich daraus nur zwei Sätze. Sie sollen mir als eine Zusammenfassung dienen. Hier der erste:

»Denn, was ist zum Schluß der Mensch in der Welt? Ein Nichts vor dem Unendlichen, ein All gegenüber dem Nichts, eine Mitte zwischen Nichts und All.«

Was für ein gewaltiger Bogen, mit dem Pascal den Menschen zwischen dem Nichts und dem Unendlichen bestimmt! Was für ein mächtiges Allgefühl gegenüber dem Nichts und was für ein demütigendes Bewusstwerden eigener Nichtigkeit gegenüber dem Unendlichen! Wenn überhaupt, dann denken wir Menschen für gewöhnlich in diesen Dimensionen nur selten. Das gilt für unser Erkennen in Raum und Zeit!

Ich beginne mit der Zeit: Denn wir bedenken zwar das Gestern und das Morgen; wir gedenken der Vergangenheit, sobald wir uns erinnern; wir denken an die Zukunft, aus deren Offenheit uns Träume und bedrückende Vorstellungen entgegenkommen! Doch wissen können wir nicht, wohin sie uns wirklich führen wird! Ich sage dir damit nichts Neues und nichts über Pascal hinaus. Aber ich werde mir wieder einmal bewusst, wie wenig ich über mein Heute, mein Gestern und mein Morgen hinausdenke, obwohl sich doch beide Richtungen bis ins Unendliche erstrecken, wie der Mathematiker Pascal das Kleinste und das Größte gedacht hat! Wir aber denken anders: Ich kann über einen Anfang des Kosmos im Urknall spekulieren und über sein Ende im Kältetod nachdenken! Doch weiß ich damit noch nichts von dem, was vor diesem Anfang war und nichts von dem, was nach diesem Ende kommen wird. Das Jenseits vor dem Anfang und nach dem Ende liegt außerhalb jedes Wissens, jeder Spekulation und jeder Fantasie! Darüber schießen jedoch Utopien ohne festen Grund fröhlich ins Kraut!

Arne, das war nur das Bedenken der Unendlichkeit der Zeit. Das Gleiche erfahren wir, wenn wir die Unendlichkeit des Raumes bedenken. Dann treten wir aus der Begrenztheit unserer Wohnung und unseres Hauses in den Ort, an dem wir leben. Schon muss unsere Fantasie wandern und unser Bundesland oder gar die Bundesrepublik zu erfassen suchen! Weiter wandert die Erkenntnis und erfasst Europa, begreift sich auf dieser Erde, in diesem Sonnensystem, dieser Galaxie und kann sie gerade noch im Zusammensein anderer Galaxien erkennen. Doch darüber hinaus kann der Geist des Menschen nur noch spekulieren. Weder können wir uns die Grenzen des Weltalls vorstellen noch was hinter ihnen käme, wenn es Grenzen hätte. Wir wissen es nicht, auch vierhundert Jahre nach Pascal nicht!

Er aber denkt das Unendliche im Kleinen wie im Großen unendlich ohne Begrenzung durch einen Grenzwert im Großen wie im Kleinen! Der einzig Begrenzende ist für ihn Gott: Er ist vor, in und nach allem, was war, ist und werden wird. Er ist Alles in Allem! Das erinnert mich an das christliche Gebet: »Du mein Ein und Alles!« Arne, je länger ich mich in Pascal hineinlese, desto mehr staune ich über die Kühnheit und Schärfe seiner Gedanken, die dieser große, geniale Geist gedacht hat und die bis in diese Stunde, in der ich ihnen nachdenke, nichts an ihrer Klarheit, Schärfe und Faszination verloren haben.

Doch nun folgt die zweite Betrachtung des Menschen innerhalb des Alls. Was ist das All? Pascal versucht seine Erkenntnis in Worte zu fassen:

»Es (das All) ist eine unendliche Kugel, ihr Mittelpunkt ist überall, und ihre Oberfläche nirgends. Das ist endlich das gewaltigste sinnlich faßbare Merkzeichen der Allmacht Gottes; unsere Einbildungskraft verliere sich in diesem Gedanken.«

Arne, das sprengt tatsächlich meine Vorstellungskraft. Das mit der unendlichen Kugel ließe ich mir noch gefallen. Aber dass ihr Mittelpunkt überall und ihre Oberfläche nirgends ist, übersteigt meine Fassungskraft! Für Pascal ist dies jedoch »das gewaltigste sinnlich fassbare Merkzeichen der Allmacht Gottes«. So bleibt Gott selbst in seinem Merkzeichen noch der Unfassliche! Ohne dir diesen zweiten Satz zum Raum noch tiefer auslegen zu können, will ich für heute schließen und verbleibe wie immer

dein Luca

Über die Imagination und den Wahn

Lieber Luca,

in der Tat ein gewaltiger Spannungsbogen, in dem Pascal den Menschen bestimmt: als Mitte zwischen dem Nichts und der Unendlichkeit, gegenüber dem Nichts ein All und gegenüber der Unendlichkeit ein Nichts! Ich kann schon verstehen, warum du diesen Pascal so schätzt. Was für eine Geisteskraft, was für eine gewaltige Spannweite seiner Gedanken! Ich staune über die Denkkraft Pascals und frage mich, wie wohl sein 72. Fragment hat entstehen können. Schon die unendliche Kugel ist mir und auch dir, wie ich vermute, ein unverstellbares Rätsel! Hat Pascal sein Fragment vom Geist bewegt wie im Rausch niedergeschrieben? Hat er tagelang über den Gedanken des Nichts und der Unendlichkeit gebrütet, bis ihm dieser faszinierende Text aus der Feder geflossen ist? Oder hat er über Wochen mühsam daran gefeilt, bis sein Fragment genau die Sprache und die Form hatte, an der er nichts mehr verbessern konnte? Ich vermute, darauf hat keiner eine Antwort, ich schon gar nicht! Doch erschließt er unserem Denken mit den zwei Unendlichkeiten eine unfassliche Weite, die ins Staunen übergeht, mit dem wir das Unfassliche noch fassen können!

Doch nun zu einem Fragment, das ich ausgesucht habe, nicht nur weil es mir gefällt, sondern weil mich bei ihm der Hauptbegriff und seine Übersetzung stören! Luca, es ist das Fragment 82 über die »Imagination« bzw. übersetzt den »Wahn«! Der französische Begriff sagt auch als Fremdwort im Deutschen mehr als seine Übersetzung mit dem Begriff »Wahn«. Doch mit allen anderen Verdeutschungsversuchen unzufrieden, mag ich auf den deutschen Begriff »Wahn« nicht verzichten, wenngleich er unpassenderweise Anklänge an den deutschen Begriff des »Wahnsinns« hat. Vielleicht käme das deutsche Wort »Einbildung« im Sinne einer »Hineinbildung« dem französischen noch näher. Aber seine Hauptbedeutung als eine »unrealistische, rein subjektive Vorstellung« deckt sich auch nicht mit dem französischen Begriff. Ich schlage also vor, dass wir nicht das Fremdwort »Imagination« einführen, sondern den deutschen Begriff »Wahn« übernehmen und jeweils seine Dimension des »Einbildens« im Bewusstsein behalten!

Mit diesem Vorschlag will ich schließen und bin nun gespannt auf deine Ausführungen zum 82. Fragment,

dein Arne

Pascal und der Wahn
(die Imagination)

Lieber Arne,

wie gut, dass du dich nicht von dem deutschen Begriff des Wahns verabschiedet hast! Ich bin ganz auf deiner Seite, selbst wenn ich dabei an Adolf Hitlers »Größenwahn« denken muss, um an seine dunkle Dimension zu erinnern. Denn als der Führer sich unwidersprochen als »GröFaZ«, »größten Feldherrn aller Zeiten« feiern ließ, hat er die Welt mit seinem unglückseligen Krieg überzogen und Deutschland ins tiefste Elend gestürzt. Am Ende hatte er nach dreizehn Jahren Herrschaft nicht nur den Zweiten Weltkrieg vom Zaun gebrochen und verloren. Er hatte sich auch vorgenommen, die Juden als Gottes auserwähltes Volk auszurotten. Nach dreizehn Jahren lag nicht nur Deutschland in Schutt und Asche, waren nicht nur Millionen Gefallene und Kriegsopfer zu beklagen, sondern unter seiner Regierung hatte er sechs Millionen Juden ermorden lassen!

So grundsätzlich wie Deutschland hatte sich unter Hitlers Führung noch kein Volk der Erde an den Juden vergangen. Am Ende hat sich dann der Führer und Verführer der Deutschen feige durch Selbstmord aus dem Staub gemacht, sich der Verantwortung entzogen und es seinem verführten Volk überlassen, die Suppe auszulöffeln, die er ihm eingebrockt hatte! Tiefer konnte er die Lüge seines Führeranspruchs nicht offenbaren als durch seine feige Flucht in den Tod. Aber wie konnte dieser Gefreite des Ersten Weltkriegs das deutsche Volk so betören? Ich denke durch die Macht des »Wahns«, der »Imagination«, von der Pascal im 82.

Fragment schreibt! Der Begriff des »Größenwahns« als Beurteilung trifft Hitler und seine Taten noch besser als der bloße Wahn!

Doch der Übersetzer hat sich bei seiner Arbeit an Pascals Fragment zum schlichten Begriff des »Wahns« entschieden. Damit will ich es genug sein lassen, nicht ohne dir zu empfehlen, bei dem Wort »Wahn« innerlich den französischen Begriff »Imagination« mitzulesen:

Frag 82; *Wahn:* »Der Wahn ist das täuschende Vermögen im Menschen, Herrscher des Irrtums und des Falschen ist er, und um so arglistiger, weil er es nicht immer ist; denn er würde untrügliches Kennzeichen der Wahrheit sein, wenn er das untrügliche der Lüge wäre. Aber obgleich er meist falsch ist, gibt es kein Merkmal seines Wesens, da das Wahre und das Falsche gleiches Zeichen tragen. / **Ich meine nicht die Narren, von den Klügsten rede ich; grade ihnen verleiht die Kraft des Wahns die hohe Gabe, Menschen zu überzeugen.** Mag sich die Vernunft darüber empören, wie sie will, sie kann nicht den Wert der Dinge bestimmen.

Diese stolze Macht, Feindin der Vernunft, die es freut, sie zu leiten und zu beherrschen, hat, **um zu beweisen, was sie kann, im Menschen eine zweite Natur aufgebaut.** Sie hat ihre Glücklichen, ihre Unglücklichen, ihre Gesunden, ihre Kranken, ihre Reichen, ihre Armen, sie macht, daß man der Vernunft glaubt, sie bezweifelt, leugnet, sie schaltet die Sinne aus und weckt sie; sie hat ihre Narren und ihre Weisen; und nichts empört uns mehr, als zuzusehen, wie sie die, die bei ihr gasten, mit einer Befriedigung erfüllt, viel vollständiger und umfassender, als es die Vernunft vermag. Die Geschickten des Wahnes gefallen sich selbst viel besser, als sich die Klugen vernünftigerweise gefallen können. Sie betrachten die Menschen herrisch, sie streiten kühn und zuversichtlich, die andern furchtsam und unsicher; und die Heiterkeit ihrer Miene verschafft ihnen oft genug den Vorteil im Urteil ihrer Zuhörer; so hoch stehen die sich weise Wähnenden in der Gunst gleichgearteter Richter. **Der Wahn kann keine Narren zu Weisen machen; aber er macht sie glücklich,** was die Vernunft meidet, die ihre Freunde nur elend zu machen vermag, er schenkt den Ruhm, sie die Verachtung.

Wer verfügt über den Ruf, wer verschafft den Menschen, den Werken, den Gesetzen, den Hochgestellten Achtung und Verehrung, wenn nicht die Zunft der Freunde des Wahns? Alle Reichtümer der Welt sind nichts ohne ihre Bestätigung!

Würden sie glauben, daß ein Ratsherr, dessen ehrwürdiges Alter jeglichem Achtung abnötigt, sich durch klare und reine Vernunfturteile leiten lasse und daß er jegliches seiner Wesenheit gemäß beurteile, / ohne daß er durch zufällige Nichtigkeiten gestört werde, die nur die Einbildungskraft schwacher Menschen beeindrucken sollten? Seht, wie er zur Predigt geht, voll von Eifer und Ergebenheit, um die Festigkeit seiner Vernunft durch die Glut der Frömmigkeit zu stärken, seht, wie er bereit ist, mit außerordentlicher Sammlung zuzuhören! Ich wette, unser Ratsherr verliert alle Würde, gleichgültig, was für erhabene Wahrheiten der Prediger immer sagen mag, wenn dieser von Natur eine krächzende Stimme und ein fratzenhaftes Gesicht hat und der Barbier ihn schlecht rasiert haben sollte und er sich zufällig noch irgendwo beschmutzt hat.

Auf einer Planke, größer als nötig, wird, wenn unter ihr ein Abgrund gähnt, die Einbildung den größten Philosophen der Welt straucheln lassen, – mag die Vernunft ihn auch von der Sicherheit überzeugen; sein Wahn wird obsiegen. Manch einer wird den Gedanken nicht ertragen können, ohne zu erbleichen und in Schweiß zu geraten.

Nicht alle Wirkungen will ich aufführen.

Wer weiß nicht, daß der Anblick von Katzen, Ratten, das Zerbrechen einer Kohle usw. die Vernunft außer sich zu bringen vermögen! Der Ton der Stimme beeindruckt die Klügsten, ändert eine Rede, ein Gedicht von Grund auf.

Zuneigung oder Haß ändern das Gesicht des Rechts. Wie viel gerechter findet der Anwalt, den man reichlich voraus bezahlt hat, die Sache, die er vertritt, wie viel gerechter erscheint sie den Richtern, die sich durch den Schein, durch seine kühnen Gesten täuschen lassen! Spaßhafte Vernunft, die ein Wind umbläst und nach jeder Richtung weht.

Fast jede Handlung der Menschen, die fast alle unter seinem Atem schwanken, würde ich aufzuführen haben. Denn die Vernunft hat abdanken müssen, und der Klügste bedient sich der Grundsätze, die der Wahn leichtfertig überall eingeführt hat. /

Wer nur der Vernunft folgen wollte, wird im Urteil des großen Haufens töricht sein. Man muß urteilen, wie die Menge urteilt. Man muß, da es ihr so gefällt, den ganzen Tag arbeiten und sich um Güter mühen, die als Wahngebilde bekannt sind, und hat der Schlaf uns von den Müdigkeiten unserer Vernunft erfrischt, muß man sofort und eilig aufspringen und eilen, dem Dunst nachzujagen, um die Mühen dieses Herrschers der Welt zu ertragen. – Das ist eines der Mittel des Irrtums, aber es ist nicht das einzige. Mit Recht hat der Mensch diese beiden Mächte verbündet, obgleich in diesem Frieden der Wahn weitgehend im Vorteil ist; denn im Kampf wäre er es noch mehr: **Niemals überwindet die Vernunft den Wahn, während der Wahn die Vernunft häufig völlig entthront.**

Dies Geheimnis haben unsere Amtspersonen wohl ergriffen. Ihre roten Roben, ihr Pelzwerk, in das sie sich wie ausgestopfte Katzen hüllen, die Paläste, in denen sie urteilen, die Wappenlilien, kurz, dieser ganze erhabene Schein ist durchaus notwendig; denn hätten die Ärzte nicht ihre Soutanen und Stiefel und die Rechtsgelehrten nicht die viereckigen Hüte und vierteilige weite Gewänder, so würden sie niemals die Menschen, die solcher überzeugenden Schau nicht widerstehen können, getäuscht haben. Besäßen sie das wahre Recht, kennten die Ärzte die wahre Heilkunst, dann hätten sie viereckige Hüte nicht nötig, die Würde dieser Wissenschaften wäre an sich verehrungswürdig genug. Da sie nur eingebildetes Wissen besitzen, sind sie zu diesen eitlen Hilfsmitteln gezwungen, um die

Einbildung jener zu wecken, mit denen sie zu tun haben, und dadurch erzeugen sie wirkliche Achtung. Nur die Krieger haben sich nicht derart verkleidet, weil ihre Art wesenhafter ist, sie gründen auf der Gewalt, die anderen auf der Fratze.

Deshalb haben unsere Könige diese Verkleidungen / nicht gesucht. Sie haben sich nicht durch ungewöhnliche Kleidung maskiert, um sich den Anschein zu schaffen, wohl aber haben sie sich mit Schutzstaffeln und Hellebarden umgeben. Diese bewaffneten Truppen, die nur für sie Arme und Kraft haben, die Trompeter und Trommelschläger, die ihnen vorausmarschieren, die Scharen, die sie umgeben, machen den Mutigsten zittern; sie tragen sie nicht nur zur Schau, sie haben die Macht. Eine völlig aufgeklärte Vernunft müßte man haben, um den Herrscher inmitten seines Serails von vierzigtausend Janitscharen wie einen beliebigen Menschen zu betrachten.

Noch nicht einmal einen Advokaten in Robe und Hut können wir sehen, ohne zu seinen Gunsten voreingenommen zu sein.

Der Wahn verfügt über alles, er bestimmt die Schönheit, das Recht und das Glück, das das Höchste auf Erden ist. Gerne hätte ich ein italienisches Buch, von dem ich nur den Titel kenne, der allein viele Bücher aufwiegt: Dell' opinione regina del mondo. Ich unterschreibe es, ohne es zu kennen, das Falsche ausgenommen, was darin ist.

Das etwa sind die Wirkungen dieses trügerischen Wesens in uns, das uns, wie es scheint, ausdrücklich gegeben wurde, um uns in einen notwendigen Irrtum zu leiten. Das aber tun auch noch andere Gründe. Nicht nur was uns Überkommen ist, ist geeignet, uns zu täuschen: Der Reiz der Neuheit hat die gleiche Macht. Dem entstammt der Meinungsstreit unter den Menschen, die sich gegenseitig vorwerfen, daß sie entweder falschen Eindrücken, die ihnen aus der Jugend überkommen, anhingen oder leichtfertig irgendwelchen Neuerungen nachliefen. Wer hält die rechte Mitte? Der trete vor und beweise sie! Kein Prinzip gibt es, / wie natürlich es uns immer schon von Kindheit an, sein könne, das man nicht für einen falschen Eindruck, sei er im Unterricht oder sinnlich empfangen, ausgäbe.

Weil ihr, so sagt man etwa, seit der Kindheit geglaubt habt, eine Lade sei leer, wenn ihr nichts in ihr seht, habt ihr an die Möglichkeit der Leere geglaubt; das ist eine Sinnestäuschung, die die Gewohnheit verstärkte, die die Wissenshaft aufheben muß. Und die andern meinen, **weil man euch in der Schule lehrte, es gäbe keine Leere, hat man eure gesunden Sinne verdorben,** die sie vor dieser falschen Erfahrung genau kannten, die man dadurch aufheben muß, daß man auf eure erste Einsicht zurückgeht. Wer täuschte hier, die Sinne oder die Lehre?

Es gibt einen weiteren Grund des Irrtums, die Krankheiten; sie verderben die Urteilsfähigkeit und die Sinneswahrnehmung; und da die schweren sie merklich trüben, zweifle ich nicht, daß die leichteren im Verhältnis ähnlich wirken.

Unser eigener Vorteil ist ferner ein prächtiges Mittel, um uns die Augen angenehm zu blenden. Es ist dem gerechtesten Mann der Welt nicht erlaubt, in eigner Sache zu urteilen; ich weiß, daß manche, um nicht dieser Eigenliebe zu verfallen, umgekehrt die ungerechtesten Richter der Welt gewesen sind: das sicherste Mittel, um eine völlig gerechte Sache zu verlieren, war, sie durch ihre nächsten Verwandten empfehlen zu lassen.

Das Recht und die Wahrheit sind zwei feinste Spitzen, unsere Werkzeuge sind zu grob, um sie genau zu treffen. Wenn sie in ihre Nähe kommen, zerdrücken sie die Spitze und fassen den Umkreis, und mehr von dem Falschen als von der Wahrheit. **(So prächtig ist also der Mensch gemacht, daß er kein richtiges Prinzip der Wahrheit und mehrere vorzügliche des Irrtums hat.** Sehen wir nun zu, wie viel ... / Die spaßhafteste Ursache dieser Irrtümer aber ist der Streit zwischen den Sinnen und der Vernunft.)«

(Fragment 82, S. 54–60; Hervorhebungen von mir.)

Mein lieber Arne, mit dem mir eigenen, nüchternen Sinn gefiel mir dieses Fragment über die »Imagination« trotz des etwas unglücklich übersetzten Begriffs »Wahn« besonders gut, trotz seiner Länge, die mich nicht abschrecken konnte! Pascals Ausführungen sprechen für sich selbst und bedürfen meiner Meinung nach keiner erläuternden Auslegung! Offenbar hatte Pascal einen scharfen Blick für die »Imagination«, für den Wahn, die Einbildung, die Illusion … Doch ist die Imagination im Sinne des Wahns nur eine Sache der Vergangenheit? Keineswegs! Um dir etwas Gegenwärtiges zu nennen, brauche ich nur an den »Wahn« zu denken, der von einem unbegrenzten Fortschritt auf einer begrenzten Erde mit begrenzten Menschen träumt und dabei in Gefahr gerät, mit seinen Träumen unersetzlich Vorgegebenes zu zerstören. Das Gleiche droht uns durch die selbst gemachte Klimakatastrophe! Zum Glück scheint die Menschheit gerade in unseren Tagen aus diesem Wahn zu erwachen! Denn eine beschränkte Erde als Existenzgrundlage würde durch einen unbegrenzten Fortschritt an die Grenzen ihrer Möglichkeiten und mehr noch unseres menschlichen Lebens stoßen! Genauso ist es mit dem Klima. Ein maßloser Energieverbrauch muss sich durch schädliche Folgen rächen!

Arne, zum Abschluss noch zwei Beispiele aus dem Persönlichen: Wie leicht verfalle ich dem Wahn einer Sicherheit in meinen Beziehungen. Ein unbedachtes Wort, eine sture Rechthaberei oder ein versteckter Eigennutz können die Liebe trüben und am Ende gar zerstören. Oder: Wie leicht verlasse ich mich auf den Wahn der Sicherheit in meiner beruflichen Stellung! Wie schnell könnten Unglück, Krieg, Strukturwandel, Missgunst oder Krankheit alles verändern! Ich selbst bin mir das beste Beispiel dafür; denn ich wurde knapp ein Jahr vor meinem Ruhestand noch aller meiner Ämter und Verantwortungen enthoben, weil ich den sich verändernden Zielen einer neuen Führung im Wege stand. Ich wollte das Bewährte festhalten und behinderte einen auf höherer Ebene beschlossenen Um- und Abbau. Der Wahn, die Imagination, die Einbildung, sie umgaben mich damals und erst im

Rückblick kann ich dir das heute in dieser Klarheit bekennen. Ich wollte und konnte nicht wahrhaben, was verändert wurde! Solche Brüche bei Veränderungen kannst du allenthalben beobachten, Arne! Genug, mich hat es mit einem vorzeitigen Ruhestand ohne finanzielle Einbußen gnädig getroffen! Du wirst selbst ahnen, dass sich die Reihe der Beispiele für den »Wahn« weit über mein und dein Persönliches hinaus noch lange fortsetzen ließe!

Herzlichst,
dein Luca

Die Zerstreuungen

Lieber Luca,

du hast die Imagination, die Einbildung, den Wahn der Menschen im Sinne von Pascal sehr plastisch werden lassen, indem du dich selbst zum Beispiel gemacht hast. Schließlich käme ich bei dir am wenigsten auf den Gedanken, dass du einem »Wahn« erliegen könntest, und bist ihm doch erlegen! Selbst du, den ich als so nüchternen Menschen einschätze! Daher kann ich mit deiner Auslegung meiner Bewunderung für dieses treffende Fragment zum Ausdruck bringen! Was für ein Scharfblick Pascals auf die Illusionsbereitschaft der Menschen! Daran finde ich nichts mehr zu verbessern oder zu ergänzen!

Aber nun zu einem weiteren Fragment, das ich ausgesucht habe. Ich bin auf ein riesiges Gebiet gestoßen, das weit weniger spektakulär ist als das über die Einbildung und den Wahn, das aber uns Menschen weit mehr bestimmt, als wir uns bewusst machen. Instinktsicher nimmt Pascal mit einem Fragment »Zerstreuung« ein Thema auf, das nicht nur eine Lieblingsbeschäftigung der Menschen alter Zeiten war, sondern heute noch immer zu einem der größten und beliebtesten Freizeitvergnügen gehört. Denn bin ich erst einmal zerstreut, dann drücken mich weder meine Sorgen noch die Nöte der Welt, weder meine Pflichten noch meine Versäumnisse! Wie glücklich bin ich dann, ohne äußeren Druck einfach nur ich selbst sein, meine Seele baumeln und meine Gedanken schweifen zu lassen, wohin sie wollen! Deshalb arbeitet heute eine ganze Unterhaltungsindustrie daran, uns Menschen zu zerstreuen, damit wir nur nicht über die Nöte der Welt, über ihre Krisen und erst recht nicht über unser eigenes Leben, über unser Woher und Wohin, Warum und Wozu oder gar über Gott ins Grübeln geraten und schon gar nicht über das Notwendige nachdenken, was wir dagegen tun könnten und müssten! Aber was mache ich noch viele Worte? Hier ist Pascals Fragment 139:

(**Frag 139/136**): »*Von den Zerstreuungen.* Wenn ich mir mitunter vornahm, die vielfältigen Aufregungen der Menschen zu betrachten, die Gefahren und Mühsale, denen sie sich, sei es bei Hofe oder im Krieg, aussetzen, woraus so vielerlei Streit, Leidenschaften, kühne und oft böse Handlungen usw. entspringen, so fand ich, daß alles Unglück der Menschen einem entstammt, nämlich daß sie unfähig sind, in Ruhe in ihrem Zimmer zu bleiben. Niemand, der genug zum Leben hat, würde, wenn er es nur verstünde, zufrieden zu Hause bleiben, aufbrechen, um die Meere zu befahren oder eine Festung zu belagern. Die Charge im Heer würde man nicht so teuer bezahlen, wenn man es nicht unerträglich fände, nicht aus der Stadt herauszukommen, und die Unterhaltung und die Zerstreuung des Spiels sucht man nur, weil man nicht fähig ist, mit Vergnügen zu Hause zu sein.

Aber als ich das des näheren bedacht und den Grund / all unserer Mißgeschicke erkannt hatte, wollte ich seine Ursache finden. Ich fand, daß es wirklich eine gibt; sie liegt in dem natürlichen Elend, unserer schwachen, sterblichen und so elenden Seinslage, daß uns nichts zu trösten vermag, wenn wir genauer daran denken.

Welche Lebenslage man sich auch immer denken will, wenn man alle Güter, die uns gehören könnten, vereinigt, keine Stellung in der Welt wäre schöner als die des Königs; indessen, man denke ihn sich, wie er alles, was er sich wünscht, zu seiner Verfügung hat; hätte er keine Zerstreuungen und ließe man ihn nachdenken und Betrachtungen darüber anstellen, was er ist, so würde dieses langweilige Glück ihm nicht genügen, notwendig würde er der Schau verfallen, was ihn alles bedroht, die Revolten, die sich ereignen könnten, und endlich des Todes und der Krankheiten, die unvermeidlich sind; **so daß er, wenn ihm fehlt, was man Zerstreuung nennt, unglücklich ist und unglücklich(er) als der geringste seiner Untertanen, der spielt und sich zerstreut.**

Deshalb sind das Spiel und die Unterhaltung mit Frauen, deshalb sind der Krieg und die hohen Ämter so begehrt. Zwar liegt hierin nicht das wirkliche Glück, noch bildet man sich ein, dass die Glückseligkeit von dem Geld abhänge, das man im Spiel gewinnen könne, oder von dem Hasen, den man jagt. Denn würden sie einem als Geschenk angeboten, würde man sie nicht haben wollen; dieses bequeme und redliche Haben, das uns weiter an unser Elend denken läßt, ist es nicht, was man sucht, noch sucht man die Gefahren des Krieges oder die Mühen der Ämter, **sondern nur den Reiz, der uns hindert, an unser Elend zu denken, und der uns ablenkt.**

Gründe, weshalb man die Jagd der Beute vorzieht. Das ist die Ursache, daß die Menschen so sehr den Lärm und den Umtrieb schätzen, der Grund, daß das / Gefängnis eine so furchtbare Strafe, der Grund, daß das / Vergnügen der Einsamkeit unvorstellbar ist. Und schließlich das größte Glück der Könige, daß man bemüht ist, sie unaufhörlich zu belustigen und ihnen jede Art Vergnügen zu verschaffen.

Der König ist von Leuten umgeben, die nur daran denken, ihm Zerstreuung zu verschaffen und ihn zu hindern, über sich nachzudenken; denn er ist unglücklich, so sehr er König ist, wenn er daran denkt.

Das ist alles, was die Menschen erfinden konnten, um glücklich zu sein. Und die darob den Philosophen spielen und die meinen, daß die Menschen sehr wenig vernünftig seien, wenn sie den Tag mit verbrächten, einen Hasen zu jagen, den sie nicht geschenkt haben möchten, die kennen kaum das menschliche Herz. **Dieser Hase könnte uns nicht davon schützen, an den Tod und unser Elend zu denken, die Jagd aber, die uns davon ablenkt, tut es.** Und so ...

Der Rat, den man dem Phyrrus gab, in Ruhe und Frieden zu leben, was er durch jede Mühe erstrebte, war schwer auszuführen.

(Sagt man einem Menschen, er solle in Ruhe leben, so rät man ihm, er solle glücklich leben, d. h. man rät ihm, seine Lage solle völlig glücklich und derart sein, daß er nach Gefallen über sie nachdenken könne, ohne in ihr einen Schatten des Mißbehagens zu finden. Das heißt die Natur des Menschen verkennen. Deshalb vermeiden die Menschen, die natürlich ihre Seinslage spüren, nichts so sehr wie die Ruhe, und keine Lebenslage gibt es, in der sie nicht die Unruhe suchten. Dabei haben sie wohl einen Trieb, der sie die wahre Glückseligkeit kennen läßt ... Eitelkeit; das Vergnügen, es den anderen zu zeigen.

Also fängt man die Sache falsch an, wenn man sie tadelt; ihr Irrtum liegt nicht darin, daß sie den Umtrieb suchen, solange sie ihn nur als Ablenkung suchen, sondern der Fehler ist, daß sie ihn suchen, / als könnte sie der Besitz der Dinge, die sie suchen, wirklich glücklich machen; und darin hat man recht, wenn man ihr Suchen eitel nennt; so daß alles in allem sowohl die, die tadeln, als die, die getadelt werden, die wahre Natur des Menschen verkennen.)

Würden sie also auf den Vorwurf, sie suchten mit so viel Eifer, was sie nie befriedigen könne, antworten, wie sie es tun müßten, wenn sie wirklich darüber nachdächten, **daß sie nichts als eine fesselnde und mitreißende Beschäftigung suchen, die sie hindere, über sich selbst nachzudenken,** und daß sie sich deshalb eine gewählt, die sie anziehe, die ihnen gefalle und die sie leidenschaftlich binde, dann wüßten ihre Gegner darauf keine Antwort. Das aber antworten sie nicht, weil sie sich nicht selbst kennen; sie wissen nicht, daß es nur die Jagd und nicht die Beute ist, was sie suchen.

Tanzen: Dabei muß man daran denken, wohin man die Füße setzt. – Der Adlige meint ehrlich, die Jagd sei ein großes und königliches Vergnügen, sein Pikör aber hält sie nicht dafür.

Sie bilden sich ein, nur diesen Rang müßten sie erreicht haben, um sich sofort mit Lust zur Ruhe setzen zu können, und sie ahnen nicht die Unersättlichkeit ihrer Begierde. Sie glauben ehrlich die Ruhe zu suchen, und sie suchen in Wirklichkeit die Unruhe. Sie haben einen geheimen Trieb, der sie treibt, außer Haus Zerstreuungen und Beschäftigungen zu suchen, was der Mahnung ihres währenden Elends entstammt; und sie haben einen andern geheimen Trieb, der von der Größe des ersten Natur verblieb, der sie ahnen läßt, daß das Glück in Wirklichkeit in der Ruhe und nicht im Lärm des Umtriebs liegt; und aus diesen gegensätzlichen Trieben bilden sie einen verworrenen Plan, der sich im Grund ihrer Seele verbirgt und sie dazu bringt, die Ruhe durch die Unruhe zu suchen und sich dabei immer einzubilden, daß sie das Glück, das sie nicht haben, haben würden, sobald sie etliche / Schwierigkeiten, die sie grade vor sich sehen, überwunden hätten, und daß sie dann die Tür zu geruhsamem Leben öffnen könnten.

So verrinnt das ganze Leben; man sucht die Ruhe, indem man, was uns hindert, überwinden will; und hat man es überwunden, dann wird die Ruhe unerträglich. Denn entweder denkt man an die Sorgen, die man hat, oder an die, die uns drohen. Und hätte man sich wirklich in jeder Hinsicht gesichert, so wird die Langeweile auf Grund ihres eigenen Rechtes sich nicht hindern lassen, aus dem Grunde des Herzens, wo sie natürlich wohnt, aufzusteigen und den Geist mit ihrem Glück zu erfüllen.

Derart unglücklich ist also der Mensch, daß er sich bekümmert, ohne einen Grund dazu zu haben, allein durch die Anlage seines Gemüts; und billig ist er, daß, obgleich es tausend echte Gründe des Kummers gibt, das geringste, ein Billard oder ein Ball, den er schlägt, genügen, um ihn zu zerstreuen. Was aber, werden Sie fragen, findet er darin? Das: daß er sich morgen vor seinen Freunden brüsten kann, besser gespielt zu haben als ein anderer und andere wieder schwitzen in ihren Kammern, um den Gelehrten zu beweisen, daß sie ein Problem der Algebra gelöst, das man bisher nicht lösen konnte;

und viele andere begeben sich in höchste Gefahr, um sich nachher des Ortes zu rühmen, den sie eroberten, was nach meinem Geschmack ebenso töricht ist. Und schließlich andere bringen sich schier um, alles das anzumerken, nicht etwa um daraus zu lernen, sondern um zu zeigen, daß sie es wissen und diese sind die törichtesten der Sippschaft, denn sie sind es wissentlich, während man von den übrigen glauben könnte, sie würden sich ändern, wenn sie es wüßten.

Jemand verbringt sein Leben, ohne sich zu langweilen, weil er täglich ein wenig spielt. Gebt ihm jeden Morgen das Geld, das er am Tag gewinnen könnte, unter / der Bedingung, nicht mehr zu spielen: so macht ihr ihn unglücklich. Vielleicht wird man meinen, er suche das Vergnügen des Spiels und nicht den Gewinn. Laßt ihn ohne Einsatz spielen, so wird er nicht warm dabei werden und sich langweilen. Also ist es nicht allein das Vergnügen, das er sucht. Ein mattes Vergnügen ohne Leidenschaft langweilt ihn. Er muß sich aufregen und sich selbst betrügen, er muß glauben, es wäre ein Glück, etwas zu gewinnen, das er nicht haben wollte, gäbe man es ihm unter der Bedingung, nicht mehr zu spielen, er muß daraus eine Leidenschaft machen und aus ihr, die er sich machte, Wunsch, Zorn und Furcht gewinnen, Kindern gleich, die vor der Fratze erschrecken, die sie sich anmalten.

Das ist der Grund, daß jemand, der vor kurzem seinen einzigen Sohn verlor und der, von Geschäften und Prozessen überlastet, noch am Morgen so bekümmert war, jetzt nicht mehr daran denkt? Wundert euch nicht; er ist völlig in Anspruch genommen aufzupassen, wo der Eber, den die Hunde seit sechs Stunden wütend verfolgen, ausbrechen wird. Mehr ist nicht nötig. **Wie von Kummer gebeugt ein Mensch auch immer sein mag, kann man ihn dazu bringen, sich zu zerstreuen, so wird er diese Zeit über glücklich sein.** Und wie glücklich ein Mensch auch immer wäre, er wird bald voll Sorgen und Kummer sein, wenn er nicht durch irgendein Vergnügen, irgendeine Leidenschaft abgelenkt und zerstreut ist, die die

Langweile hindern, sich auszubreiten. Ohne Zerstreuungen gibt es keine Freude, und wenn man sie hat, keinen Kummer. Und so liegt auch das Glück der Hochgestellten darin, daß sie von vielen Menschen umgeben sind, die für ihre Zerstreuung sorgen, und daß sie imstande sind, sich diesen Vorzug zu erhalten.

Bedenket: Was ist der Vorzug, Finanzminister, Kanzler oder Parlamentspräsident zu sein, wenn nicht der, daß man einen Beruf hat, in dem man vom frühen / Morgen an eine Menge Menschen empfängt, die kommen und gehen und die keine Stunde des Tages übriglassen, wo man über sich selbst nachdenken könnte?

(Die Zerstreuung ist für die Leute von Welt so notwendig, daß sie ohne sie unglücklich sind. Trifft sie ein Unfall, so denken sie an die, die ihnen noch widerfahren könnten, oder auch wenn sie nicht daran denken würden und keinen Grund zur Besorgnis hätten, so wird die Langeweile kraft ihres eignen Rechtes sich nicht hindern lassen, dem Grund des Herzens, wo sie natürlich wohnt, zu entsteigen, um den Geist mit ihrem Gift zu füllen.)«

(Fragment 139, S. 77–83; Hervorhebungen von mir.)

Wie du gewiss schon bemerkt hast, Luca, sind Zerstreuungen nicht nur eine Sache Pascalscher Zeiten! Heute beschäftigen sich ganze Industrien damit, Menschen ihre ersehnte Zerstreuung zu verschaffen, angefangen von Spielotheken über die Fülle der Fernsehprogramme, vom Kino bis hin zu einer gewaltigen Freizeit- und Reisebranche! Dazu kommen noch Konzerte und Theater, Straßen- und Volksfeste, der Sport und das Lotto und und und ... Das moderne Leben bietet zahllose Angebote, um sich zu zerstreuen, ganz zu schweigen von dem, was Computer zusätzlich an Möglichkeiten der Zerstreuung eröffnen! Wem das nicht genug ist, der kann zu Zeitungen und Illustrierten greifen oder sich in der Welt der Bücher mit leichter oder schwerer Kost zerstreuen! Wem das immer aber noch nicht reichen sollte, neben dem liegt griffbereit sein Handy, um zu telefonieren, zu spielen oder im Internet zu surfen!

Der Mensch wird heute durch seinen Beruf stark in Beschlag genommen, der ihm in der Regel hohe Konzentration abverlangt. Kein Wunder, dass er sich nach Zerstreuung sehnt, um sich von seinem Berufsstress zu erholen! Glücklicherweise sind die Zerstreuungsmöglichkeiten zugleich mit den Anforderungen der Arbeitswelt gewachsen! Die Fülle der Zerstreuungsmöglichkeiten ist mit dem Ausbau der medialen Massengesellschaft ungleich größer als zu Pascals Zeiten und, wie mir scheint, noch beliebter geworden! Doch der Zweck ist der gleiche geblieben: Entlasten und Vergessen durch Zerstreuen!

Damit will ich für heute schließen, nicht ohne einmal die Frage loszuwerden, wie lange wir uns noch mit Pascal beschäftigen wollen.

Herzlichst,
dein Arne

Wie soll es mit Pascal weitergehen?

Lieber Arne,

erst einmal mein Kompliment! Mit der »Zerstreuung« hast du ein zentrales Thema unseres Menschseins herausgegriffen! Doch zum Schluss hast du angedeutet, dass es langsam genug sein könnte mit diesem Blaise Pascal. Ja und nein, muss ich dir antworten! Denn wir haben den Reichtum der *Pensées* noch lange nicht ausgeschöpft. Und wir könnten uns noch weitere Werke von ihm vornehmen. Ich denke beispielsweise an seine »*Briefe in die Provinz (Les Provinciales)*«. Dort würden wir auf seine Auseinandersetzung mit den Jesuiten stoßen! Das wäre allein schon historisch interessant und würde unseren Blick für die Gesellschaft Jesu schärfen![17] Weniger mit aktuellem Bezug, aber gewiss für uns mit interessanten Beiträgen scheint mir sein Buch »*Kleine Schriften zur Religion und Philosophie*«. Aber ich verstehe dich gut, wenn du mit mir nicht die gesammelten Werke Pascals durchforsten willst! Andererseits will ich nur ungern schon jetzt unseren Austausch über Blaise Pascal auslaufen sehen. Zu sehr liebe ich inzwischen Pascals Welten und habe doch noch so viel Stoff, den ich mit dir teilen wollte! Als ich hin und her grübelte, kam mir folgende Idee: Ich habe in meiner Schublade noch einen Stapel alter Ausarbeitungen zu Pascal. Sie betreffen zentrale Themen, die wir noch nicht berührt haben. Was hältst du davon,

---

17 Der Briefwechsel zwischen Arne und Luca über die *Briefe in die Provinz*, in denen Pascal sich mit den Jesuiten auseinandersetzt, finden sich im Anhang I.

wenn ich dir ausgewählte Stücke zukommen ließe und wir uns nicht nur mit Pascal weiter beschäftigen, sondern uns zugleich noch länger unseres Briefwechsels erfreuen könnten. Mir würde es überdies ein großes Vergnügen bereiten, meine Gedanken nicht nur ungelesen verstauben zu lassen, sondern mit dir wenigstens einen aufmerksamen Leser gefunden zu haben, überdies noch einen, der mir gelegentlich seine Gedanken dazu mitteilen würde!

In hoffnungsvoller Erwartung
auf deine positive Antwort verbleibe ich
dein Luca

39. Brief: Arne an Luca

Was ich davon halte? – Viel!

Lieber Luca,
heute kann ich es mit dieser Postkarte kurz machen: Viel halte
ich davon und bin schon ganz gespannt auf deinen nächsten Brief
mit Anhang!

Herzlichst,
dein Arne

Das Pascalsche Dreieck

Lieber Arne,

man soll den Stier bei den Hörnern packen, heißt es im Sprichwort! Begeistert von deinem Interesse habe ich gleich zu dem berühmtesten und dem für mich schwersten Thema Pascals gegriffen, zum Pascalschen Dreieck. Ein Geständnis vorweg. Ich fühle mich ziemlich überfordert, es dir zu erklären. Ich traue mir aber gerade noch zu, es dir äußerlich zu beschreiben.

Die Zahlen dieses Dreiecks bilden die Koeffizienten der binomischen Formeln $(a + b)^n$. Allein diese Tatsache übersteigt schon den Horizont meines Verstehens! Wie gewöhnlich half mir jedoch zur schnellen Orientierung ein Fischzug im Internet[18] weiter:

Index n							Zeilensumme	2-er Potenz
0				1				1	$2^0 = 1$
1			1		1			2	$2^1 = 2$
2		1		2		1		4	$2^2 = 4$
3	1		3		3		1	8	$2^3 = 8$
4	1	4		6		4	1	16	$2^4 = 16$
5	1	5	10		10	5	1	32	$2^5 = 32$

---

18 Siehe https://www.kapiert.de/mathematik/klasse-7-8/terme-gleichungen/binomische-formeln/pascalsches-dreieck, Zugriff 12.5., 2022.

Hier beziehe ich mich nur auf die dritte Zeile mit dem Index zwei auf der linken Seite. Hier siehst du die Koeffizienten der ersten binomischen Gleichung, die vermutlich fast jeder aus dem Mathematikunterricht kennt. Zur Verdeutlichung habe ich die Eins hinzugefügt, die normalerweise weggelassen wird, und habe die relevanten Zahlen in Fettdruck geschrieben:

$$(a+b)^2 = \mathbf{1}a^2 + \mathbf{2}ab + \mathbf{1}b^2$$

Die Koeffizienten dieser Gleichung findest du in der dritten Zeile des Pascalschen Dreiecks: $1a^2$, dann $2ab$ und schließlich $1b^2$: **1 – 2 – 1**. Die Zahlen dieser Binome wachsen schnell mit steigenden Potenzen.

So weit, so gut. Aber für mich wie vermutlich auch für dich gehört dieses Dreieck zu den »böhmischen Dörfern«, die meinen Verstand übersteigen! Denn es bleibt mir ein Rätsel, wieso die Koeffizienten der binomischen Formeln $(a + b)^n$ ausgerechnet durch dieses Dreieck wiedergegeben werden, das ihm zu Ehren Pascals Namen trägt!

Doch überzeuge dich selbst an einer noch ausführlicheren Abbildung[19]:

19 Siehe https://www.kapiert.de/mathematik/klasse-7-8/terme-gleichungen/binomische-formeln/pascalsches-dreieck/, Zugriff 25.5. 2022.

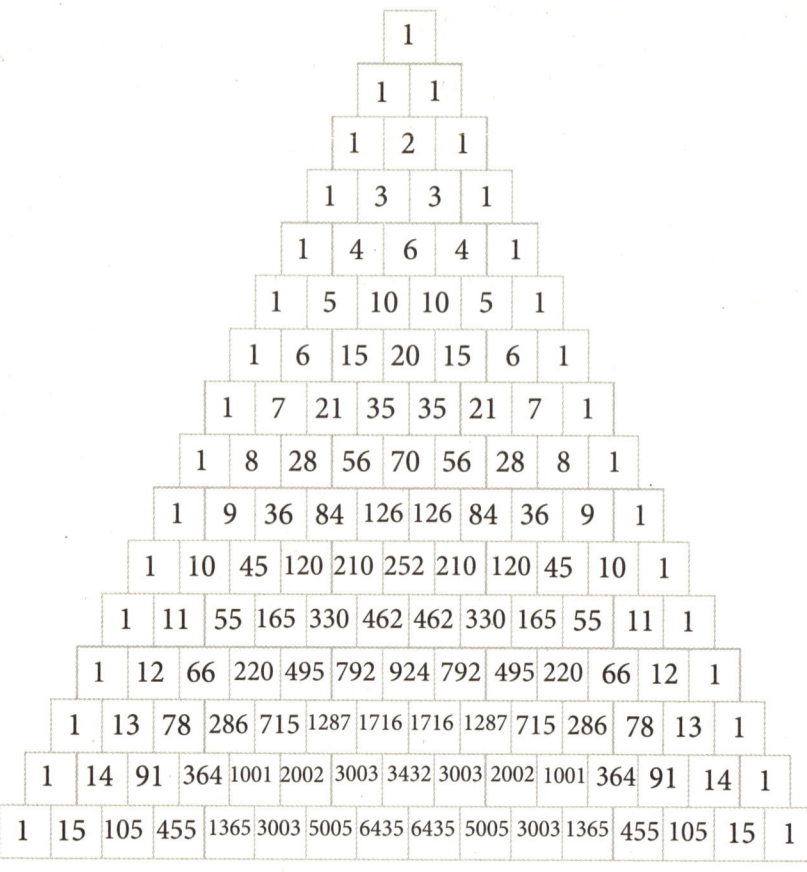

Du siehst, wie schnell die Koeffizienten große Zahlenwerte annehmen! Das hier abgebildete Pascalsche Dreieck umfasst nur 15 Zeilen! Beim Lottospiel müsste ich das Dreieck bis zur 49. Zeile fortführen, also noch 31 weitere Zeilen hinzufügen! Das lässt sich auf keinem Blatt Papier mehr niederschreiben!

Beispielhaft habe ich dir für das Ergebnis der wöchentlichen Lottoziehung das folgende Zitat aus dem Internet kopiert:

»Die genaue Lotto-Gewinnchance für die Gewinnklasse 1 beträgt 1:139.838.160. Sie wird oft auf 140 Millionen aufgerundet, damit sie leichter lesbar ist. Als Prozentzahl sieht die Lotto-Wahrscheinlichkeit für den Hauptgewinn so aus: 0,00000072 Prozent.«[20]

Statistisch gesehen müsstest du, Arne, rund 14 Millionen Mal getippt haben, bevor du wenigstens einmal einen Sechser im Lotto gewonnen hättest. Konjunktiv, Arne, Möglichkeitsform! Du hättest gewinnen können, wie ich sehr bewusst geschrieben habe; du hättest aber auch gleich beim ersten Mal den Hauptgewinn einstreichen können oder, wenn du Pech hast, nicht ein einziges Mal nach 14 Millionen Versuchen! Denn deine Gewinnchancen sind nur Wahrscheinlichkeiten, keine Sicherheiten!

Arne, so weit ist alles noch recht einfach. Als ich dir jedoch das Pascalsche Dreieck mit eigenen Worten genauer begründen wollte, stieß ich an die Grenzen meiner mathematischen und sprachlichen Fähigkeiten! Zum Glück konnte ich aber eine Erklärung meines guten Freundes Ulrich Mitzlaff bekommen, eines guten Mathematikers. Er hat mir auf mein Bitten hin seine Erläuterungen zuschickt, die ich dir hier ungekürzt (und leider auch nur halb verstanden) weiterleite:

In einem ersten Schritt versuche ich mich mal an einer Beschreibung des Pascalschen Dreiecks. Binomialkoeffizienten sind ein wichtiges »Werkzeug« der Kombinatorik. »n über k« bedeutet: Eine Menge habe n Elemente und man betrachtet Teilmengen mit k Elementen. Dann gibt der Binomialkoeffizient »n über k« die Anzahl der unterschiedlichen Teilmengen an, die k Elemente enthalten. ...

Wofür braucht man das? Das prominenteste Beispiel, das Wikipedia ja auch nennt, sind die Lottozahlen »6 aus 49«: Die Menge ist die Anzahl der Kugeln (n=49), um die Gewinnchance zu berechnen, muss man wissen, wie viele Teilmen-

---

20 Siehe https://lotto.web.de/ratgeber/lotto-gewinnwahrscheinlichkeit/, Zugriff 12.5.2022.

gen es gibt, die aus 6 Zahlen/Kugeln bestehen (»6 Richtige«). Wahrscheinlichkeiten berechnet man in solchen Zufallsexperimenten durch die Anzahl der »günstigen« geteilt durch die Anzahl der »möglichen« Ereignisse. Die Anzahl günstiger Ereignisse ist 1 (die eine Menge mit 6 Zahlen oder Kugeln, die mir »6 Richtige« bringt). Die Anzahl der möglichen Ereignisse ist der Binomialkoeffizient »49 über 6«. Die Wahrscheinlichkeit, 6 Richtige zu bekommen ist dann 1 geteilt durch »49 über 6«. Solche Binomialkoeffizienten sind sehr schwierig zu berechnen, heute machen das natürlich Computer.[21] »49 über 6« ergibt 13.983.816, die Wahrscheinlichkeit für 6 Richtige ist 1 geteilt durch 13.983.816 (Wahrscheinlichkeiten werden mathematisch zwischen null und eins angegeben) bzw. dieser Wert mal 100 in Prozent (so gibt »der Volksmund« Wahrscheinlichkeiten an).

Pascal fand mit dem Pascalschen Dreieck einen sehr einfachen Weg zur Ermittlung der Binomialkoeffizienten. In diesem Dreieck ist n die n-te Zeile (Achtung: Die Zählung beginnt bei null) und k die k-te Spalte (Zählung ebenfalls bei null beginnend).

Nehmen wir als Beispiel die Zeile 1 3 3 1. Beginnt man die Zählung der Zeilen bei 0, ist diese Zeile die dritte:

Zeile 0:   1
Zeile 1:   1   1
Zeile 2:   1   2   1
Zeile 3:   1   3   3   1

Spalten: 0   1   2   3

n ist also 3. k nennt die Spalte, deren Zählung ebenfalls mit null beginnt, also von links nach rechts 0, 1, 2 und 3.

Nehmen wir als Beispiel eine beliebige Menge mit 3 Elementen, z. B. die Menge A={a,b,c}.

---

21 Z. B. https://www.lern-online.net/mathematik/weiteres/rechner/binomialkoeffizient-rechner, Zugriff 1.8.2022.

»3 über 0« heißt, wie viele Teilmengen von A gibt es, die 0 Elemente enthalten? Eine, nämlich die leere Menge. »3 über 0« =1, erste Stelle der Zeile 3 (bzw. bei Zählung ab null die nullte Stelle).

»3 über 1« heißt, wie viele Teilmengen von A gibt es, die 1 Element enthalten? Drei, nämlich die Mengen {a}, {b} und {c}. »3 über 1«=3, zweite Stelle der Zeile 3 (bzw. erste Stelle).

»3 über 2« heißt, wie viele Teilmengen von A gibt es, die 2 Elemente enthalten? Drei, nämlich die Mengen {a,b}, {b,c} und {a,c}. »3 über 2«=3, dritte Stelle der Zeile 3 (bzw. zweite Stelle).

»3 über 3« heißt, wie viele Teilmengen von A gibt es, die 3 Elemente enthalten? Eine, nämlich die Mengen A={a,b,c} selbst. »3 über 3«=1, vierte Stelle der Zeile 3 (bzw. erste Stelle).

(Also die Zahlenreihe 1 – 3 – 3 – 1, die auch die des Pascalschen Dreiecks ist!)

$(a+b)^3=a^3 +3ab^2+3a^2b+b^3$

Ohne Computer ist die Berechnung sehr schwierig, »n über k« errechnet sich: n!/(k! (n-k)!), wobei n! = 1*2*3*4*....* n.

Ich hoffe, das hilft ein wenig?
Mit besten Grüßen Ulrich Mitzlaff«

Uff, Arne, durch Ulis Erläuterungen habe ich erstmals begriffen, dass die Null eine Zahl ist, sowohl bei den Zeilen als auch bei den Spalten des Pascalschen Dreiecks die jeweils erste. Danach erst habe ich seine Erläuterungen besser verstanden. Dass sich so die Binomialkoeffizienten abbilden, habe ich zwar zur Kenntnis genommen, aber warum das so ist, bleibt mir nach wie vor schleierhaft. Aber meine Ehrfurcht sowohl vor Pascals Entdeckung des Zahlendreiecks als auch vor den Erklärungen meines Freundes Uli ist immens gewachsen!

Damit verbleibe ich für heute wie immer
dein Luca

Nur halb verstanden

Lieber Luca,

ich bin richtig dankbar, dass du dich dem schweren Thema
»Pascalsches Dreieck« nicht verweigert hast. Ich mache bis heute
einen ehrfurchtsvollen Bogen um dieses mathematische Phänomen, das doch so einfach aussieht und zu konstruieren ist! Mögen es andere verstehen, ich bestaune es und bin fast ein wenig
beruhigt, dass du es mir auch nur so halb verständlich machen
konntest.

Lass bald von dir hören,

dein Arne

42. Brief: Luca an Arne

Pascals weitere Entdeckungen

Lieber Arne,

eine weitere Entdeckung Pascals will ich dir nicht vorenthalten. Ich hoffe, es gelingt mir, dir seine naturwissenschaftlichen Leistungen angemessen zu erklären.

Im Jahr 1647 schrieb Pascal neben der *Abhandlung über die Leere*, über die wir uns ja bereits ausgetauscht haben, noch eine *Abhandlung über das Gleichgewicht der Flüssigkeiten*, die allerdings erst posthum erschien und dazu angeblich noch entstellt veröffentlicht worden ist. Hierin soll er das Gesetz kommunizierender Röhren entdeckt haben, deren Flüssigkeitsspiegel unabhängig von Form und Größe der Gefäße dann überall gleich hoch ist, wenn diese miteinander verbunden sind. Dabei soll er zugleich das grundlegende Gesetz der Hydraulik entdeckt haben: Übt man über ein Gefäß mit geringem Durchmesser und großer Höhe einen geringen Druck auf ein anderes aus, das mit ihm durch dieselbe Flüssigkeit verbunden ist, aber einen großen Durchmesser und einen geringeren Hub hat, so kann man durch das erste mit kleiner Kraft und langem Hub im zweiten eine große Kraft allerdings mit geringem Hub erzielen. Anschaulicher als durch meine Worte will ich dir das mit folgendem Bild vor Augen führen[22]:

---

22 Siehe https://de.wikipedia.org/wiki/Hydraulik, Zugriff 12.8.2022.

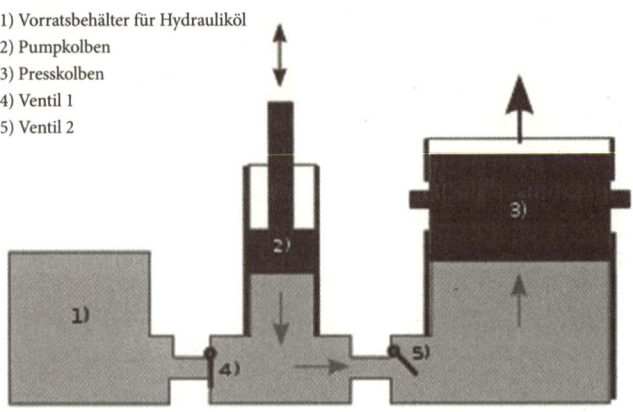

1) Vorratsbehälter für Hydrauliköl
2) Pumpkolben
3) Presskolben
4) Ventil 1
5) Ventil 2

Prinzipzeichnung einer hydraulischen Presse

An diesem Modell ist das Prinzip der Hydraulik schematisch vereinfacht dargestellt. In der Mitte siehst du den schmalen Kolben mit dem langen Hub und kleiner Kraft (2) und rechts den breiten Kolben mit geringem Hub, aber großer Kraft (3); ganz links befindet sich ein Vorratsgefäß mit dem nötigen Hydrauliköl (1). Heute siehst du Bagger und Pressen nur noch hydraulisch funktionieren, die in meiner Jugendzeit vor 65 Jahren noch mit Drahtseilen, Flaschenzügen und Rollen betrieben wurden!

Doch weiter im Text: Auch mit der Wahrscheinlichkeitsrechnung soll sich Pascal auseinandergesetzt haben. Dafür habe ich aber bisher keine näheren Belege gefunden.

Viel aufregender finde ich jedoch die Tatsache, dass dieser große Mathematiker und Physiker von einer tiefen Gotteserfahrung überwältigt wurde, die in keiner Weise mit seinem Engagement als Naturwissenschaftler kollidierte! Oft neigen fromme Gemüter dazu, die Wissenschaften um ihres Glaubens willen abzuwerten! Doch soll man nicht Äpfel mit Birnen vergleichen! Das hat Pascal niemals getan, für den das Reich der Naturwissenschaft neben dem Reich des Glaubens in Gott, in der Wissenschaft und im Leben zusammengehörten.

Ein Beispiel: Am 7. Januar 1655 zog Blaise Pascal nach Rück-

sprache mit Singlin in das Kloster Port Royal ein, um an Exerziti-
en teilzunehmen. Doch auch hier blieb sein physikalisch-techni-
scher Verstand rege, wie sein Biograf Attali berichtet:

> Es wird erzählt, daß er über einem 60 Meter tiefen Brunnen,
> der sich in der Mitte des Innenhofs der Scheunen befand, eine
> Maschine konstruierte, mit der – laut einer 1711 von Mon-
> sieur Fouillou gegebenen Beschreibung – »ein zwölfjähriger
> Junge gleichzeitig zwei Eimer, welche jeweils neun gewöhnli-
> che Eimer fassen (entspricht 1.140 kg), heraufziehen und hi-
> nablassen kann, wobei der eine gefüllt und der andere leer ist«.

Für mich bewies Pascal damit, dass er auch nach seiner tiefen
Gotteserfahrung im November 1654 der Naturwissenschaft und
Mathematik bis an sein Lebensende treu geblieben war. Zu Recht
ging daher Attali gegen die »Familienlegende« an, Blaise Pascal
habe »seit dem Augenblick, als er im November 1654 sein *Mé-
morial* schrieb, alle ›profanen Wissenschaften‹ aufgegeben ...«
und sich etwa seit seinem dreißigsten Lebensjahr mit ernsteren
und höheren Dingen beschäftigt. Es scheint so, als habe Gilbertes
Sohn Étienne verbreitet, dass sich Pascal, soweit es seine Gesundheit erlaubte, ausschließlich dem Studium der Heiligen Schrift,
der Kirchenväter und der christlichen Moral hingegeben habe.
Allzu oft und leider auch allzu gern schildern Hagiografen die
radikale Abkehr großer Gottesmänner von ihrem alten Leben.
Ein berühmtes Beispiel dafür ist Augustin! Aber in dieses Schema
ließ sich ein Pascal mit seinen naturwissenschaftlich-mathemati-
schen Interessen nicht pressen. Für ihn spielten sich die Wunder
Gottes auch in der Mathematik und Physik ab. Er kannte den in
gläubigen Kreisen so beliebten Bruch zwischen Wissenschaft und
Glauben nicht!

Aber statt mit unserem begrenzten mathematischen Vermögen zu versuchen, Pascals mathematisches Genie zu beschreiben,
wollen wir beide beim Staunen über die Denkschärfe und Klarheit im Mathematisch-Physikalischen eines Blaise Pascal bleiben!

Gestatte mir nur noch, eine Beobachtung über das schöpferische Wirken Pascals anzufügen. Seine Entdeckungen fielen bei ihm oft mit seinen Leiden unter schwersten Schmerzen zusammen. Seine Kopfschmerzen waren oft so unerträglich, dass er sich nur durch die Konzentration auf schwierigste mathematische Probleme davon ablenken konnte.

Arne, trotz seiner vielen Krankheiten und ständigen Schmerzen war er bis an sein Lebensende schöpferisch und praktisch tätig. Dabei war er nicht nur einseitig auf die reinen Wissenschaften beschränkt! Ich will dir das durch seine letzte Großtat beweisen, die er noch im Jahr seines Todes realisierte: die Gründung der ersten Omnibuslinien der Welt! Schon seit Ludwig XIII. hatte es Überlandkutschen gegeben, die Passagiere von Stadt zu Stadt beförderten. Innerhalb von Paris war es zwar für reiche Leute kein Problem, entweder mit der eigenen Kutsche zu fahren oder sich eine zu mieten. Aber für normale Pariser überstieg das ihre finanziellen Mittel. Pascal richtete mit seinen begüterten Freunden und insbesondere Arthus de Roannez öffentliche Kutschlinien ein. Er nahm an der ersten Kutschfahrt teil, die vom Platz Luxembourg bis zur Rue Saint Antoine fuhr. Überall standen begeisterte Zuschauer am Straßenrand, um das außergewöhnliche Ereignis wie ein großes Volksfest zu feiern. Eine zweite Linie von Saint Antoine nach Saint Honoré wurde schon am 1. April 1662 eröffnet, eine dritte und vierte folgte bald. Das Geld strömte damals so reichlich, dass Pascal wieder liquide wurde, nachdem er sein ganzes Kapital zuvor an die Armen verschenkt hatte.

Aber gut zwei Monate später im Juni waren Pascals physische Kräfte erschöpft. Seine Schwester Gilberte nahm ihn in ihrem Haus auf. Am 29. Juni 1662 konnte er noch die Eröffnung einer fünften Buslinie erleben. Doch dann wurde er von Tag zu Tag schwächer. Da man hoffte, er würde noch länger leben, zögerte man die Sterbesakramente hinaus. Blaise kämpfte verzweifelt um ihren Empfang, spürte er in sich doch sein nahendes Ende. Schließlich wurden sie ihm am 17. August 1662 gereicht. Er empfing sie mit noch klarem Bewusstsein. Danach aber verließen ihn seine Lebenskräfte rapide. Er verstarb wenige Stunden später am 18. August 1662 morgens um ein Uhr. Der Tod hatte ihn aus einem zwar kränklichen, aber überaus schöpferischen Leben gerissen. Ein genialer Mathematiker und Physiker, ein tiefgründiger Christ und ein leidenschaftlicher Kämpfer für die Sache Gottes hatte für immer seine Augen geschlossen.

Arne, nun ist ein dickerer Brief daraus geworden. Aber die Sache und der Mensch *Blaise Pascal* haben mich so gepackt, dass ich mich weder vom Strom meiner Gedanken noch von dem seines Lebens habe losreißen können.

Im vollen Vertrauen auf deine Geduld und dein Interesse an diesem genialen Geist verbleibe ich herzlichst

dein Luca

43. Brief: Arne an Luca

Lohnender Austausch

Lieber Luca,

was für ein Geist, dieser Blaise Pascal! Fast bis in seine letzte Stunde hinein blieb er der Mathematik und Physik treu und wirkte praktisch schöpferisch! Nun hast du mir einen summarischen Blick auf das mathematisch-physikalische Genie Blaise Pascal gegeben, hast einen Ausflug in die Eigentümlichkeiten des Pascalschen Dreiecks gemacht und danach seine Ausführungen über die Hydraulik und den Luftdruck thematisiert. Ich finde, trotz unseres eingeschränkten mathematisch-naturwissenschaftlichen Wissens ist daraus ein lohnender Austausch entstanden.

Gibt es vielleicht noch ein oder zwei Fragmente, die zu lesen sich für uns lohnen würde? Ich bin gespannt, was du schreibst.

Für heute,
dein Arne

44. Brief: Luca an Arne

Wissen um Gott und unser Elend

Lieber Arne,

gefreut habe ich mich über dein Interesse an einem weiteren Austausch über Pascals Werk. Ich schlage Fragment 527 vor. Darin beschäftigt er sich mit Gott und des Menschen Elend und spricht die Notwendigkeit von Religion schlechthin aus. Denn wenn der Mensch einem Münchhausen gleich imstande wäre, sich am eigenen Schopf aus dem Sumpf zu ziehen, dann wäre Religion ein überflüssiger Luxus oder eine vergeblich auferlegte, bedrückende Last! Doch schon das irreale Beispiel eines Menschen, der sich an den eigenen Haaren aus dem Sumpf ziehen könnte, gibt auf sarkastische Weise zu erkennen, dass eine Selbsterlösung unmöglich ist. Denn jeder Mensch, der in einen Sumpf zu versinken droht und sich daraus selbst nicht mehr befreien kann, bedarf notwendig eines Retters von außen. Durch eigenes Strampeln würde sich ein Mensch nur tiefer in den Sumpf und damit in sein Verderben hineinwühlen!

Doch scheint mir das Wissen um die eigene Verlorenheit – mit Pascal um unser eigenes Elend – zurückgetreten zu sein zugunsten einer Illusion, mit der Aufklärung und dem Glauben an die Wissenschaft selbst eine Befreiung des Lebens zu bewerkstelligen. Dahinter steht der Glaube: Wenn wir uns nur genügend anstrengten, könnten wir die Welt vom Bösen befreien. Johann Wolfgang von Goethe wusste dagegen um eine tiefere Wahrheit. Er lässt Mephistopheles zu Faust sagen:

»Den Teufel spürt das Völkchen nie,
Und wenn er sie beym Kragen hätte.«

Nachdrücklich hebt Pascal diese Einsicht um die Verlorenheit des Menschen mit seinem 527. Fragment ins Bewusstsein:

Das Wissen von Gott ohne Kenntnis unseres Elends zeugt den Dünkel.
Das Wissen unseres Elendes ohne Kenntnis von Gott zeugt die Verzweiflung.
Das Wissen von Jesus Christus schafft die Mitte, weil wir in ihm sowohl Gott als unser Elend finden (Fragment 527, S. 238).

Ich will allein den ersten Satz näher betrachten, in dem er behauptet, dass das Wissen von Gott ohne Kenntnis unseres Elends den Dünkel zur Folge habe. Damit ist jede Aufklärung mit ihrem Sendungsbewusstsein gemeint, die sich anheischig macht, die Menschheit von Krieg, Elend und allem Bösem zu befreien. Seit Pascals Fragmenten sind rund vierhundert Jahre vergangen, seit Goethes Faust rund zweihundert Jahre, doch bei allen Fortschritten der Menschheit im Äußerlichen ist es ihr nicht gelungen, sich vom Bösen und von den Verirrungen des Menschen zu befreien!

Der Glaube an die Vernunft und ihr Wissen um das Gute hat im 20. Jahrhundert zu furchtbaren Verirrungen der Ideologien von rechts und links geführt. Ströme von Blut, Elend und Leiden haben sie über die Menschheit gebracht und sind am Ende beide mit ihrem Erlösungsanspruch gescheitert.

Der Existenzialismus hat mit seinem »Dennoch« die tapfere Antwort auf die Verzweiflung gegeben, die dem Desaster zweier Weltkrieg folgte. Doch scheint sich inzwischen wieder der Dünkel der Menschen zu erholen, um mit neuem Schwung dem alten Irrglauben zu verfallen, er könne aus eigener Kraft das Glück des Lebens schaffen, wenn nicht linksherum, dann eben rechtsherum. Doch die eine Wahrheit bleibt im Schatten: Die Erlösung kommt weder von links noch von rechts, sondern von Gott allein! Allerdings ist diese Wahrheit weit in den Hintergrund gerückt!

Damit will ich für heute schließen,
dein Luca

45. Brief: Arne an Luca

Mein Beitrag ist ein Gedicht von B. Brecht

Lieber Luca,

in der Philosophie des Existenzialismus bin ich nicht gerade bewandert. Doch was die Klugheit des Menschen angeht, sein Leben und seine Welt zu meistern, hat mich ein Gedicht von Berthold Brecht wachgerufen, das aus der Dreigroschenoper eine treffende Form gefunden hat. Es ist sein »Lied von der Unzulänglichkeit menschlichen Strebens«[23]. Meine Lieblingsverse in diesem Text von Brecht sind die folgenden: »Ja; renn nur nach dem Glück, doch renne nicht zu sehr! Denn alle rennen nach dem Glück. Das Glück rennt hinterher.«

Darin begeistert mich immer wieder das Bild, wie die Menschheit dem Glück mit all ihrem Wissen, Streben und Können nachjagt. Aber das Glück, gleichsam die Hände in den Hosentaschen, bummelt gemütlich hinter den Dahinjagenden her. Es müsste nur einer, nur eine innehalten und ebenfalls zu bummeln beginnen, dann könnte ihnen das Glück begegnen, dem sie zuvor so verzweifelt und verbissen nachgejagt sind!

So viel von meiner Seite,

herzlichst,
dein Arne

---

23 Der Text findet sich in Anhang III.

46. Brief: Luca an Arne

Von der Macht der Wunder

Lieber Arne,

was für ein treffendes Lied Brechts »Von der Unzugänglichkeit des menschlichen Lebens«! Wo im Existenzialismus trotz Verzweiflung tapferes Weitergehen angesagt ist, will ich dazu eine kräftige Prise »Pascal« nehmen. Das holt mich zurück auf den Boden der Wirklichkeit!

Heute will ich ein weiteres Thema von ihm aufgreifen, das für aufgeklärte Menschen nicht leicht zu verdauen ist, denn es soll um »Die Wunder« gehen! 53 Fragmente wurden darunter in seinem XIII. Kapitel seiner *Pensées* versammelt. Allein ihre Zahl beweist schon, welche Wichtigkeit er den Wundern beimaß. Ich habe mich entschieden, ein einziges Fragment auszuwählen und daraus nur einen einzigen Satz, um die vielen Worte auf eine wesentliche Sentenz zu verdichten[24]: »Die Wunder beweisen die Macht, die Gott über die Herzen hat, durch die Macht, mit der er über die Köper verfügt.«

Alle Innerlichkeit liegt im Unsichtbaren und Ungreifbaren des Menschen. Das gilt auch für den Glauben. Wenn jemand nicht über ihn redet, wie er ihn innerlich bewegt, was ihm am Glauben wichtig ist, kurz über alles, was mit seinem Glauben zu tun hat, dann könnte man ihn schwer erkennen. Es sei denn, man würde seine äußeren Zeichen achten wie beispielsweise die Zugehörigkeit zu einer Gemeinde, den Besuch des Gottesdienstes, das Gebet, das Bibelstudium und die Gemeinschaft mit den Gläubigen!

---

24 Der Text von Fragment 851 findet sich in Anhang IV.

Ganz allgemein gilt: Was im Inneren eines Menschen vorgeht, lässt sich von außen ungleich schwerer erkennen als jedes offensichtliche Wunder! Zuweilen kannst du aus seinem körperlichen Ausdruck etwas von dem ablesen, was in einem Menschen vorgeht. So kann ein Schatten über sein Gesicht huschen, wenn du einen Namen erwähnst, der ihn unangenehm berührt. Es könnte aber auch ein Erlebnis sein, das ihm mit diesem Menschen in Erinnerung gerufen wird und seine Miene erhellt! Wenn du aber den Grund seiner Reaktionen nicht kennst, können sie dich schnell unsicher machen oder in die Irre führen. War es eine Bemerkung von mir, die ihn unangenehm berührt hat? Oder dachte er an seine Kinder, als ein Lächeln über sein Gesicht huschte? Oder war es etwas ganz anderes, was ihm durch den Sinn fuhr? Du weißt es nicht!

Ein anderes Beispiel. Da stößt dich ein guter Bekannter zurück, mit dem du dich gestern noch so gut verstanden hattest, als du ihn herzlich umarmen wolltest. Wenn du den Grund nicht kennst, könnte dich sein Verhalten verunsichern. Du mutmaßt: Er kann mich etwa nicht leiden! Oder würde er sagen wollen: Du, mich hat die Grippe erwischt und ich will dich nicht anstecken! Komm' mir also nicht zu nahe! Die so stumme Geste hätte dann den gegenteiligen Sinn. Mein guter Bekannter wollte mich vor Ansteckung schützen und seine Zurückweisung ist ein Akt reiner Freundschaft! Wenn er aber kerngesund wäre, könnte sein Zurückstoßen eine Abneigung verraten, die sich in ihm gegen mich aufgebaut hat! Eine Geste, hinter der zwei ganz verschiedene Motive stecken können!

Oder: Wenn mein Gegenüber herzhaft gähnt, während ich ihm eine mir äußerst wichtige Einsicht mitteile, verrät mir seine Körpersprache, dass er sich langweilt. Ich bin zu Recht enttäuscht und gekränkt, selbst wenn er mir das Gegenteil versichert! Es könnte aber auch sein, dass er mehrere Nächte hintereinander schlecht geschlafen hat und völlig übermüdet ist. Dass er sich dennoch für mich Zeit genommen hat, spricht für seine Wertschätzung und nicht für seine Langweile!

Mit der Sprache allein kann man leicht lügen, denn täuschende Worte sind schnell gemacht. Solches Lügen gelingt aber nicht so leicht mit dem Körper! Wer sich daher auf die Körpersprache versteht und ihre feineren Signale zu deuten weiß, erkennt mehr über sein Gegenüber, als dessen Worte verraten. Zum Beispiel könnte er genau sehen, wie seine Hände schwitzig werden und sein Kopf rot wird, wie er mit den Zähnen knirscht oder seine Arme vor der Brust verschränkt. Seine körperlichen Signale verraten einiges von dem, was in ihm vorgeht.

Aber nicht eindeutig sind solche Signale! Das Erröten ist dafür ein berühmtes Beispiel, weil es wider Willen geschieht! Es verrät eine innere Berührung, allerdings nicht ob sie peinlich oder erfreulich ist oder ob sie auf einer großen Schüchternheit beruht! Eines aber gilt es festzuhalten: Sobald sich etwas körperlich äußert, tritt vom Innenleben eines Menschen mehr zutage als nur das, was er durch seine Worte vermittelt. Mit denen kann er vieles überspielen, umgehen oder vortäuschen!

Damit bin ich wieder bei den Wundern, in denen sich der unsichtbare Gott so sichtbar realisiert! Für Pascal geschah das überwältigend durch das Wunder des Heiligen Dorns! Als seine Nichte ihn mit ihrem bislang unheilbar entzündeten, kranken Auge berührte, wurde sie geheilt! Dieses Wunder hat Pascal tief berührt und wird auch hinter seiner Sentenz stehen: »Die Wunder beweisen die Macht, die Gott über die Herzen hat, durch die Macht, mit der er über die Köper verfügt.«

Die Sprache der Realität ist elementarer und unwiderleglicher als Worte; allerdings muss ich zugeben, Arne, dass das Gegenteil auch wahr sein kann. Denn auch Worte können tief gehen! Einen groben Knuff kann ich bald wegstecken. Ein böses Wort aber kann mein Inneres aufwühlen und sich lange darin festfressen! Für gute Worte gilt allerdings genau das Gleiche! Ich brauche nur an die Liebe zu denken. Sie selbst ist unsichtbar. Aber wenn sie sich zu einem geliebten Menschen bekennt, dann kann sich durch ihr Wort mit einem Schlag alles verändern, mehr als jede wortlose Umarmung! Denn, Arne, der Mensch ist ein Wesen aus

Fleisch und Blut, aber wesentlicher noch ist er als Geist bestimmt. Wenn aber das, was im Geist ist, Realität wird, dann bekommt diese »Fleischwerdung« eine ganz andere Durchschlagskraft!

Damit zurück zu Pascal: Die Macht, die sich im Körperlichen zeigte, sprach lauter als die, die sich nur der Worte bedienen konnte. Für ihn blieb daher das Wunder vom Heiligen Dorn lebenslang das entscheidende Zeugnis der Macht Gottes, der seine lebensschaffende Kraft im Wunder darin offenbart hatte.

Arne, wir hatten uns vorgenommen, dass wir es mit einer Auswahl der Fragmente genug sein lassen wollten. Darf ich dich noch einmal daran erinnern? Wir haben über die »zwei Unendlichkeiten« diskutiert (Fragment 72), dann haben wir uns mit der Imagination und schließlich mit der Zerstreuung beschäftigt. Nach einem Exkurs über das Pascalsche Dreieck und die Gesetze der Hydraulik haben wir uns schließlich das »Elend des Menschen« vorgenommen (Fragment 527) und sind mit dem Fragment 851 der Frage der »Wunder« nachgegangen. Damit haben wir das uns gesetzte Ziel erreicht! Denn allen über 950 Fragmenten gerecht zu werden, würde unseren Briefwechsel sprengen und uns beide überfordern. Es heißt doch: »In der Beschränkung liegt der Meister« und den Ruf des Meisterhaften würde ich für uns beide gern retten!

Wer dennoch mehr will, kann jederzeit zu den gesammelten Werken Pascals greifen oder sich die Einzelausgaben der Themen beschaffen, die ihn interessieren. Wir sollten es genug sein lassen, obwohl ich dir das mit einer kleinen Träne im Knopfloch gestehen muss! Mein Trost ist die erfüllte Zeit unseres Briefwechsels und die Auseinandersetzung mit diesem so widersprüchlichen, messerscharfen und tiefreligiösen Geist eines Blaise Pascal!

Arne, in diesem Sinne wie immer,

dein Luca

Anhang I

47. Brief: Arne an Luca

Briefe in die Provinz

Lieber Luca,
mir fielen Pascals *Briefe in die Provinz – Les Provinciales* und *Die Schriften der Pfarrer von Paris – Les Érits des Curés de Paris* in die Hände. Ich hoffe, du besitzt die gleiche Ausgabe wie ich, die im Verlag Lambert Schneider 1990 in Heidelberg erschien. Das würde uns beiden die Hinweise auf Seitenzahlen und Zitate erleichtern!

Ich gehe davon aus, dass wir nicht alle 18 (19) Briefe besprechen müssen, sondern uns – pars pro toto, das Teil für das Ganze – auf seinen ersten Brief beschränken können. Denn ich nehme an, dass Pascal dort einen für uns ausreichenden Aufschluss über das Unternehmen seiner *Briefe in die Provinz* gegeben hat.

So weit für heute! Ich bin gespannt, ob und wie du meinen Vorschlag aufnimmst!

Herzlichst, dein Arne

48. Brief: Luca an Arne

Ein guter Vorschlag: der erste Brief als Thema

Lieber Arne,
genauso, wie du es vorgeschlagen hast, wollen wir vorgehen! Und ich will gleich mit zum ersten Brief greifen! Ob wir damit schon tief genug in Pascals Gedankenwelt eingedrungen sind oder uns noch weitere Briefe vornehmen sollten, ist in meinen Augen eine

cura postereor, eine spätere Sorge! Doch wie wollen wir den ersten in Angriff nehmen? Da schlage ich dir folgendes Vorgehen vor: Ich zitiere Pascals Brief in eingerückten Absätzen und schreibe meine Erläuterungen dazu im Normaltext. Dann weißt du immer, wer gerade das Wort führt, und wir sparen uns die Fülle der Anführungszeichen!

Damit also zu seinem ersten Brief:

Paris, den vom 23. Januar 1656

Sehr geehrter Freund,
wir hatten uns sehr getäuscht. Erst gestern bin ich eines Besseren belehrt worden. Bis dahin dachte ich, der Gegenstand der Streitgespräche der Sorbonne sei sehr wichtig und für die Religion von höchster Bedeutung. So viele Sitzungen einer so berühmten Körperschaft wie der Theologischen Fakultät von Paris, in der sich so viele außerordentliche und beispiellose Ereignisse zugetragen haben, erwecken von Anfang an derart hohe Vorstellungen, daß man gar nicht glauben kann, es handele sich um etwas anders als einen ganz ungewöhnlichen Gegenstand.

Sie werden indes sehr überrascht sein, durch diesen Bericht zu erfahren, auf was der ganze Aufruhr hinausläuft (Prov 1,3f.).

Normalerweise und insbesondere bei dem erbittert geführten Streit zwischen Jansenisten und Jesuiten sollte man annehmen, Arne, es ginge um einen schwergewichtigen und deutlichen Gegensatz. Aber schon in Pascals erstem Satz seines Briefes fällt er ein vernichtendes Urteil: Weder *wichtig* noch *für die Religion von höchster Bedeutung* wäre, was einen solchen *Aufruhr* der Jesuiten gegen die Jansenisten hätte rechtfertigen können. Einmal sprichwörtlich ausgedrückt war es *viel Lärm um nichts!* Arne, doch was war denn dieses *Nichts,* um das so lautstark gelärmt wurde? Hierzu Pascal:

Die faktische Frage ist, ob Herr Arnauld vermessen ist, wenn er in seinem Zweiten Brief sagt: Er habe das Buch von Jansenius genau gelesen und habe die von dem verstorbenen Papst verurteilten Sätze nicht darin gefunden; da er selbst doch diese Sätze verurteilt, wo sie auch immer stehen mögen, so verurteilt er sie auch bei Jansenius, falls sie dort sind« (Prov 1,4).

Arnaulds Botschaft war von bestechender Kürze und Klarheit: Erstens hätte er diese Sätze nicht im *Augustinus* gefunden und zweitens, wenn er sie dort gefunden hätte, hätte auch er sie dort als häretisch verurteilt!

Aber welche Sätze hatte dann Papst Innozenz X. als Häresie des Jansenismus in seiner Bulle »Cum occasione« vom 31. Mai 1653 verurteilt? Hier sind sie, Arne, eigens für dich herausgefischt:[25]

1. *Manche Gebote Gottes sind für die gerechten Menschen, auch wenn sie wollen und es versuchen, mit den Kräften, die sie gegenwärtig haben, unerfüllbar; es fehlt ihnen auch die Gnade, durch die sie erfüllbar würden.*

2. *Der inneren Gnade wird im Zustand der gefallenen Natur niemals widerstanden.*

3. *Für Verdienst und Mißverdienst ist im Zustand der gefallenen Natur beim Menschen nicht die Freiheit von Notwendigkeit erforderlich, sondern es genügt die Freiheit von Zwang.*

4. *Die Semipelagianer gaben die Notwendigkeit der zuvorkommenden inneren Gnade für die einzelnen Akte, auch für den Anfang des Glaubens, zu; und sie waren darin häretisch, dass sie behaupteten, diese Gnade sei eine solche, der der menschliche Wille widerstehen oder gehorchen könne.*

5. *Es ist semipelagianisch, zu sagen, dass Christus für schlechthin alle Menschen gestorben sei oder sein Blut vergossen habe; DH 2005: semipelagianum est dicere Christum pro omnibus omnino hominibus mortuum esse aut sanguinem fudisse.*

---

25 Siehe https://de.wikipedia.org/wiki/Cum_occasione, Zugriff 6.8.2022.

Zwar mussten erst die rund 1.300 Folioseiten des *Augustinus* durchforstet werden, aber dann wäre unwiderleglich bewiesen worden, dass man diese verurteilten Sätze mit Sicherheit nicht darin hätte finden können, weil sie dort auch nicht standen. Attali kommentierte, dass diese lügenhafte Zusammenfassung seines Buches eindeutig auf die Verurteilung des Jansenius durch die Jesuiten abzielte. Heute weiß man zweifelsfrei, dass die Jansenisten recht hatten, denn die fünf Lehrsätze befinden sich tatsächlich nicht im *Augustinus*. Den Jesuiten reichte die Behauptung! Als jedoch die Jansenisten diese Falle witterten, wurde ihnen perfide entgegnet: Man solle die Lehrsätze *nicht in ihrem eigentlichen Sinne verurteilen, sondern in dem ketzerischen Sinne, den ihnen Jansenius verliehen hat.* Arne, das war wieder so ein verlogenes Possenspiel der Gesellschaft Jesu. Nicht mehr der Wortlaut, sondern der ihm beigelegte angebliche und nicht nachweisbare Sinn diente nun zur Verurteilung ihres ketzerischen Sinnes. Attali kommentiert lakonisch: *Keine Möglichkeit, der Falle zu entkommen ...*

Eine gründliche Untersuchung hätte den Streit darum durch den Nachweis entschieden, dass diese fünf Sätze faktisch nicht im Jansenius vorhanden waren. Aber das geschah auf jesuitischer Seite bewusst nicht! Denn dann wäre offenbar geworden, dass diese fünf Sätze gar nicht im *Augustinus* standen, sondern lügenhaft von der Gesellschaft Jesu als darinstehend behauptet wurden. Aber wer wollte ihnen das bei einem 1.300 Seiten starken Werk in Folio nachweisen? Und selbst wenn, dann zog noch das jesuitische Argument, selbst wenn sie nicht dastünden, aber so verstanden würden, sei ihre Ketzerei gewiss! Damals gab es noch keine Computeranalysen! Dennoch wurde die Angelegenheit einem Prüfungsgremium vorgelegt:

Die Sache wird vor die Sorbonne gebracht. Einundsiebzig Doktoren übernehmen eine Verteidigung und versichern, er habe all denen, die ihn in so vielen Schriften fragten, ob diese Sätze seiner Meinung nach in diesem Buch seien, gar nicht anderes antworten können, als daß er sie nicht darin gesehen hat, sie aber auch dort verurteilt, falls sie dort stehen (Prov 1,5).

Aber so entschieden war der Wille der Jesuiten, die Jansenisten zu verurteilen, dass sie ein Gegengutachten aufstellen ließen:

Auf der anderen haben achtzig Doktoren aus dem Weltklerus und etwas vierzig Bettelmönche den Satz von Herrn Arnauld verurteilt, ohne zu prüfen, ob seine Behauptung wahr oder falsch ist, und die haben sogar erklärt, es gehe gar nicht um die Wahrheit, sondern nur um die Vermessenheit seines Satzes (Prov 1,6).

Arne! Achtzig Doktoren der Sorbonne und vierzig Bettelmönche der Jesuiten versicherten, diese Sätze stünden im *Augustinus*. Allerdings taten sie das ohne jede Prüfung. Denn wer von diesen Meinungsträgern hätte die 1.300 Folioseiten dieses Werks durchforsten wollen, um dort die fünf Sätze nachzuweisen, die ohnehin nicht darin standen? Damit ging der jesuitische Plan auf! Niemand war bereit, das Nicht-Vorhandensein dieser fünf Sätze in den 1.300 Folioseiten zu beweisen. Wie denn auch, da die Gegenseite ohne Stellenangabe darauf beharrte, sie stünden darin! Folglich konnte man ihr angebliches Vorhandensein weiterhin behaupten.

Arne, achtzig Doktoren der Sorbonne und vierzig Bettelmönche standen nun gegen einundsiebzig Jansenisten, in nackten Zahlen: 120 gegen 71! Damit war die Sache schon rein quantitativ entschieden. Die Mehrheit behauptete und versicherte, diese Sätze stünden im *Augustinus*. Allerdings tat sie das ohne Prüfung. Denn wer von diesen Meinungsträgern hätte sich durch die rund 1.300 Folioseiten des *Augustinus* quälen wollen, wo doch ohnehin schon feststand, dass sie darin nicht zu finden waren, sondern nur als angeblich dort zu findende erlaubten, den ganzen *Augustinus* als häretisch zu verurteilen! So lauthals die Anklage wiederholt wurde, hatte sie doch ein Manko, das Pascal genüsslich hervorzuheben wusste:

> Befürchte ich aber nicht, ebenfalls vermessen zu sein, so würde ich mich wahrscheinlich der Meinung der meisten Leute, die ich kenne, anschließen, die bisher auf Treu und Glauben angenommen hatten, daß diese Sätze bei Jansenius stehen, jetzt aber anfangen, das Gegenteil zu vermuten, und zwar eben wegen dieser seltsamen Weigerung, sie nachzuweisen, die so weit geht, daß ich überhaupt noch niemand gesehen habe, der gesagt hätte, er habe sie dort gesehen. [...]
> Was die rechtliche Frage anlangt, scheint diese weit bedeutsamer zu sein, da sie ja nun den Glauben betrifft. Ich habe daher besondere Mühe darauf verwandt, mich über sie zu unterrichten. Sie werden jedoch erfreut sein zu sehen, daß diese Sache ebenso unwichtig ist wie die erste.
> Hier gilt es zu prüfen, was Herr Arnauld in dem gleichen Brief gesagt hat: *Daß die Gnade, ohne die man nichts vermag, dem heiligen Petrus bei seinem Sündenfall gefehlt hat.* Sie schlossen wie ich daraus, es ging darum, die wichtigsten Grundsätze der Gnade zu examinieren, wie etwa, ob sie nicht allen Menschen gegeben sei oder ob sie stets wirksam sei. Jedoch hatten wir uns sehr getäuscht. Ich bin in kurzer Zeit ein großer Theologe geworden, und Sie werden sofort Beweise davon sehen« (Prov 1,7).

Den Jesuiten gelang es dennoch auf diese Weise, das Werk des Jansenius dank ihres gefälschten Auszugs als Ketzerei verurteilen zu lassen, obwohl diese Sätze, wie heute auch mittels einer Computeranalyse zweifelsfrei bewiesen worden ist, nie darin gestanden haben. Weil sich die Jesuiten aber beharrlich verweigerten, einen Nachweis zur Überprüfung vorzubringen, konnten sie ihre erlogene Behauptung weiterhin verbreiten. Ihr Vorteil: dessen Dicke, die verhinderte, dass sich einer an die Durchforstung hätte wagen wollen, und das Wissen, seine Ergebnisse wären infrage gestellt und ihm lügenhaft eine Irreführung unterstellt worden! Was für ein Possenspiel, Arne, aber am Ende doch was für ein erschreckend erfolgreiches in den Händen der Gesellschaft Jesu!

Folgen wir weiter der Spur Pascals! Um der Sache genau auf den Grund zu gehen, erkundigte er sich sich bei einem Herrn N., Doktor vom Copllège de Navarre (Prov 1,8):

Da meine Neugier mich fast so hitzig machte, wie er in dieser Sache ist, fragte ich ihn sogleich, ob sie nicht in aller Form dekretieren würden, daß *die Gnade allen gegeben ist*, damit dieser Zweifel behoben sei. Aber er wies mich barsch ab und sagte, das sei gar nicht der strittige Punkt. Auch auf seiner Seite gebe es einige, die dafürhielten, daß die Gnade nicht allen gegeben ist. Die Examinatoren hätten selber vor der versammelten Sorbonne erklärt, diese Meinung sei *problematisch*, und das sei auch seine Auffassung. Er bekräftigte das alles mit der, wie er sagte, berühmten Stelle aus dem heiligen Augustinus: *Wir wissen, daß die Gnade nicht allen Menschen gegeben ist.*

Ich entschuldigte mich, seine Ansicht falsch verstanden zu haben, und bat ihn, mir zu sagen, ob sie denn nicht wenigstens jene andere Meinung der Jansenisten, die so viel Aufsehen erregt, verurteilen würden, daß *die Gnade stets wirksam ist und unseren Willen bestimmt, das Gute zu tun.* Aber ich hatte mit dieser zweiten Frage nicht viel mehr Glück als mit der ersten (Prov 1,9). – Sie verstehen auch gar nichts davon, sagte er. Das ist keineswegs eine Ketzerei. Vielmehr ist das eine rechtgläubige Meinung: alle Thomisten vertreten sie, und ich habe sie ja auch bei meinem Lizenziat verteidigt.

Arne, was für ein erstaunliches Ergebnis! Bis jetzt konnte Pascal keine häretische Differenz zwischen den Lehren der Jansenisten und der Jesuiten feststellen. Das musste zu einer fadenscheinigen Ausrede führen, die verstehen lässt, dass schon weit vorher der Grund zur Verwirrung gelegt worden war.

Ich wagte nicht mehr, ihm meine Zweifel vorzutragen. Ich

wußte überhaupt nicht mehr, wo die Schwierigkeit liegen sollte, bis ich ihn dann, um mich aufklären zu lassen, schließlich bat, mir zu sagen, worin eigentlich die Ketzerei in dem Satz des Herrn Arnauld bestehe.

– Darin, sagte er, daß er den Satz: Die Gerechten haben das Vermögen, die Gebote Gottes zu erfüllen, nicht in der Weise anerkannt, wie wir ihn verstehen.

Nach dieser Belehrung verließ ich ihn, und voller Stolz, jetzt den Kern der Sache zu kennen, suchte ich Herrn N auf [...] Um mich gut bei ihm einzuführen, tat ich so, als gehörte ich ganz zu den Seinen und sagte:

– Wäre es denn möglich, daß die Sorbonne den Irrtum in die Kirche bringt, daß *alle Gerechten stets das Vermögen haben, die Gebote zu erfüllen*? (Prov 1,9).

Nun stieß Pascal aber zu seiner Verwunderung auf entschiedensten Widerspruch (Prov 1,10):

– Wie reden Sie denn, erwiderte mein Doktor. Wollen Sie eine gut katholische Ansicht, die überhaupt nur die Lutheraner und Reformierten bekämpfen, Irrtum nennen?

– Wie, sagte ich, ist das denn nicht Ihre Meinung?

Aber nein, sagte er, wir verdammen sie als ketzerisch und unfromm.

Von der Antwort des Paters überrascht, erkannte ich, daß ich den Jansenisten zu gut gespielt hatte, wie ich vorher allzu molinistisch gewesen war. Da mir aber der Sinn seiner Antwort nicht ganz klar war, bat ich ihn, mir im Vertrauen zu sagen, ob er glaube, daß *die Gerechten immer ein wahrhaftes Vermögen haben, die Gebote zu einzuhalten*. Mein Mann geriet aus frommem Eifer in ein wahres Feuer und sagte, was es auch koste, er werde seine Ansicht niemals verheimlichen: Das sei seine Überzeugung, die er und die Seinen als die reine Lehre des heiligen Thomas und des heiligen Augustinus, ihres Lehrers, bis zum Tode verteidigen würden.

In der Gewissheit, dass er nun über die volle Wahrheit aufgeklärt worden wäre, kehrte Pascal wieder zu seinem ersten Doktor zurück, verkündete sein neues Wissen und sagte, er »sei ganz sicher, daß bald wieder Frieden in der Sorbonne sein werde. Die Jansenisten seien damit einverstanden, daß die Gerechten das Vermögen zur Erfüllung der Gebote haben; ich bürgte dafür und würde es sie mit ihrem Blut unterschreiben lassen« Prov 1,10).

Doch nun sollte Pascal sein blaues Wunder erleben. Denn entschieden bremste der erste Pater Pascals Begeisterung angesichts der Übereinstimmung beider Seiten aus. Das nötigte Pascal zu der verwunderten Rückfrage, worin denn bei gleichem Wortlaut das Strittige läge:

– Sachte, sagte er, man muß Theologe sein, um hier die Feinheiten zu entdecken. Der Unterschied, der zwischen Ihnen und uns besteht, ist so subtil, daß wir ihn selber kaum angeben können, und für Sie wäre es viel zu schwer, ihn zu verstehen. Geben Sie sich damit zufrieden zu wissen, daß die Jansenisten Ihnen zwar sagen werden, alle Gerechten hätten immer das Vermögen, die Gebote zu halten – aber darüber streiten wir ja nicht. Sie werden Ihnen aber nicht sagen, daß dieses Vermögen *unmittelbar* sei. Und darum geht es (Prov 1,11).

Arne, nun war es endlich heraus, das geheimnisvolle Wort, um das sich der ganze Streit drehte und das ebenso unverständlich wie subtil war: das Wörtchen *unmittelbar*! Natürlich musste Pascal als Laie sein Unwissen über diesen neuen Begriff eingestehen (Prov 1,11):

Dieses Wort war mir neu und unbekannt. Bis dahin hatte ich die ganze Sache verstanden. Aber dieser Ausdruck machte mich ratlos, und ich glaube, daß er in der Tat nur erfunden wurde, um Verwirrung zu stiften. Ich bat daher um Aufklärung, aber er wollte nicht mit der Sprache heraus und schickte mich ohne weitere Auskunft zu den Jansenisten zurück. Ich solle sie fragen, ob sie dieses *unmittelbare* Vermögen anerkennen. Ich befrachtete mein Gedächtnis mit diesem Ausdruck, da meine Einsicht dabei nicht im Spiel war. Und aus Furcht, ihn wieder zu vergessen, eilte ich unverzüglich zu meinem Jansenisten …

Arne, ich hoffe, du spürst Pascals Klarsicht und seine Ironie allein schon an seinem Hin- und Hereilen zwischen den Kontrahenten und die Mühe, sich dieses inhaltslose Wort »unmittelbar« fest einzuprägen, da er nichts damit verbinden und es nicht verstehen konnte. Doch wollte er es seinem Jansenisten korrekt vortragen, um ihn dazu befragen zu können:

– Bitte, sagen Sie mir, ob Sie das *unmittelbare Vermögen* anerkennen!
Er lachte und erwiderte kalt:
– Sagen Sie mir zuerst, in welchem Sinn Sie selber das verstehen; dann werde ich Ihnen sagen, was ich davon halte.
Da meine Kenntnisse nicht so weit gingen, sah ich mich außerstande, ihm zu antworten. Um aber nicht umsonst gekommen zu sein, sagte ich aufs Geratewohl:
– Ich verstehe es im Sinn der Molinisten.[26]
Worauf er, ohne sich zu erregen, sagte:
– An welche Molinisten denken Sie?
Ich bot ihm alle zusammen an, da sie ja doch eine einzige Körperschaft bilden und alle im gleichen Geist handeln (Prov 1,11).

Arne, das war doch eine Verschleierung aller Klarheit, das Wörtchen »*unmittelbar*« einzuführen, ohne seinen Sinn zu klären! Dazu kam noch die Behauptung, der Unterschied sei nur von Theologen zu erkennen und so subtil, dass selbst diese ihn kaum

---

26 »Molinismus, benannt nach dem spanischen Jesuiten-Theologen Luis de Molina aus dem 16. Jahrhundert, handelt von der Vorsehung Gottes im Lichte des freien Willens des Menschen« (https://wiki.edu.vn/wiki9/2020/12/16/molinismus-wikipedia/, Zugriff 29.7.2022).

wahrnehmen, geschweige denn ein Laie wie Pascal! Sogar die Theologen könnten ihn kàum verstehen. Es ginge einzig und allein um das Wörtchen »unmittelbar«. Der Jansenist fragte nun ungerührt zurück, welche von den Molinisten Pascal gemeint hätte; da dieser darauf keine exakte Antwort wusste, mutmaßte er, es wäre doch wohl ihre ganze Körperschaft gemeint gewesen. Aber daraufhin bekam Pascal zu hören, dass Molinisten und Jesuiten eine faule Übereinkunft getroffen hätten:

– Sie sind wirklich schlecht unterrichtet. Die Molinisten sind so wenig einer Meinung, daß sie sogar ganz entgegengesetzte vertreten. Aber da die Absicht, Herrn Arnauld zu vernichten, sie jetzt geeint hat, sind sie auf den Einfall gekommen, miteinander zu vereinbaren, daß die einen wie den anderen das Wort *unmittelbar* gebrauchen sollen, obwohl jeder es anders versteht, damit sie eine gemeinsame Sprache sprechen und durch diese scheinbare Übereinstimmung eine beträchtliche Partei bilden können, die durch ihre Überzahl Herrn Arnauld sicher zu Fall bringt.
Diese Antwort versetzte mich in Erstaunen (Prov 1,12).

Arne, endlich war die Katze aus dem Sack! Denn wie konnten gebildete Theologen ein in der Theologie bisher so unbekanntes, undefiniertes und nichtssagendes Wort wie »unmittelbar« zur siegreichen Parole im Kampf gegen die Jansenisten machen? Ich muss mir an den Kopf fassen! Oder müsste ich über die List der Jesuiten staunen, durch die Jansenius als angesehener Theologe und seine spirituelle Bewegung der Jansenisten mithilfe dieses Wörtchens vernichtet werden konnten. Denn so erreichte die Gesellschaft Jesu ebenso perfide wie erfolgreich ihr Ziel: Sie hatten sich mittels des Wörtchens »unmittelbar« mit den andersdenkenden Molinisten zu einer mächtigen Partei zusammengeschlossen, die behauptete, dass ihr Verständnis des Wortes »unmittelbar« im Gegensatz zu dem ketzerischen Verständnis Arnaulds stünde, ohne jedoch inhaltlich zu definieren, was mit diesem

Begriff »*unmittelbar*« gemeint wäre! Obwohl sie sich als Gegner uneinig waren, konnten sie durch diese »uneinige Vereinigung« ihre eigentliche Absicht erreichen, mittels des leeren und unbestimmten Begriffs »*unmittelbar*« Arnauld und die Jansenisten als Ketzer zu verurteilen und kirchlich zu vernichten. Diese Absicht verbargen sie unter dem Schein, allein um die Rechtgläubigkeit zu ringen! Arne, damit setzten sie sich durch, die Lüge gegen die Wahrheit und das in der heiligen Kirche Gottes! Wäre Jesus nicht Ähnliches durch die damals Gläubigen widerfahren, müsste man sich wundern. Doch der gefährlichste Feind der Wahrheit sitzt bei den Vertretern der angeblichen Wahrheit!

Die Worte werden es nicht unterscheiden können. Da gilt das Wort des Herrn: »An ihren Früchten sollt ihr sie erkennen!« Ihre bittere Frucht war die erfolgreiche Vernichtung der jansenistischen Bewegung und Spiritualität!

Doch die Auseinandersetzung war noch nicht zu Ende. In gespielt ironischer Naivität versuchte Pascal, den Vertretern des Molinismus eine Antwort auf die Bedeutung des Begriffs »*unmittelbar*« zu entlocken (Prov 1,13):

[Ich] ging zuerst zu einem Schüler des Herrn Le Moyne. Ich bat ihn, mir zu sagen, was es heißt, *das unmittelbare Vermögen, etwas zu tun, zu haben.*

– Das ist leicht, sagte er, das heißt, all das zu haben, was dafür notwendig ist, derart daß nichts zum Handeln fehlt.

– Somit hat man, sagte ich, *das unmittelbare Vermögen*, einen Fluss zu überqueren, wenn man ein Schiff, Schiffsleute, Ruder und alles übrige hat und sonst nichts fehlt.

– Sehr richtig, sagte er.

– Und man hat das unmittelbare Vermögen *zu sehen*, sagte ich, wenn man gute Augen hat und im Hellen ist, denn wenn einer gute Augen in der Dunkelheit hätte, so hätte er Ihrer Meinung nach nicht das unmittelbare Vermögen zu sehen, da ihm das Licht fehlte, ohne das man nichts sieht.

– Sehr klug, sagte er (Prov 1,13).

Doch nach diesem Lob Pascals war fast schon zu vermuten, dass seine weitere Schlussfolgerung auf den Widerstand der Molinisten stoßen musste (Prov 1,14):

— Und folglich, fuhr ich fort, wenn Sie sagen, daß alle Gerechten stets das unmittelbare Vermögen haben, die Gebote einzuhalten, so meinen Sie, daß sie immer die ganze Gnade haben, die notwendig ist, um sie zu erfüllen, und daß ihnen von Gottes Seite nichts fehlt.

— Halt, sagte er, sie haben immer all das, was notwendig ist, um sie einzuhalten, oder zumindest um Gott darum zu bitten.

— Verstehe ich recht, sagte ich, so haben sie alles, was notwendig ist, um Gott um seinen Beistand zu bitten, ohne daß sie, um zu beten, eine neue Gnade von Gott brauchten.

— Ganz richtig, sagt er.

— Aber dann ist es also nicht nötig, daß sie zum Beten eine wirksame Gnade erhalten?

— Nein, sagte er, nach Herrn Le Moyne nicht (Prov 1,14).

Da die Gnade unmittelbar allen in allem und für alles gegeben würde, folgerte Blaise daraus konsequent, dass es weder des Gebets, der Kirche noch Gottes bedurfte, damit ein Mensch aus der Gnade leben und das Gute tun könnte! Das wurde ihm bejaht, jedenfalls nach der Lehre des Herrn Le Moyne. Was für ein Freifahrtschein, Arne! Und hörst auch du wieder die versteckte Ironie Pascals heraus? Auf diese Weise war das Gebet als Herzstück des Glaubens abgeschafft worden!

Doch weiter im Text! Mit dieser neu gewonnenen Einsicht eilte Pascal zu den Jakobinern, d. h. den Dominikanern, und fragte nach denen, die ihm als den neuen Thomisten bekannt waren: Ich bat sie, mir zu sagen, was ein unmittelbares Vermögen sei.

— Ist das nicht ein Vermögen, sagte ich, dem nichts zum Handeln fehlt?

— Nein, sagten sie.

– Aber wieso, Pater? Wenn diesem Vermögen etwas fehlt, wieso nennen Sie es dann *unmittelbar*? Und wollen Sie etwa sagen, ein Mann habe auch des Nachts ohne alles Licht das *unmittelbare Vermögen zu sehen*?

– Aber ganz gewiß! Unserer Ansicht nach hätte er es, falls er nicht blind ist.

– Von mir aus, sagte ich, nur Herr le Moyne versteht das auf entgegengesetzte Weise.

– Das stimmt, sagten sie, aber wir verstehen es so! (Prov 1,14).

Falls du bisher noch halb verzweifelt diesem Hin und Her hattest folgen wollen, Arne, müsstest du spätestens jetzt endgültig verzweifeln: Denn obwohl Jakobiner und Molinisten jeweils das Gegenteil unter demselben Begriff *unmittelbar* verstanden, waren sie sich unter diesem unklaren und ungeklärten Begriff »*unmittelbar*« gegen die Jansenisten einig geworden, diese damit als Ketzer zu verurteilen: »Ja«, sagten sie, »aber wir sind uns mit Herrn Le Moyne darin einig, daß wir und er das Vermögen der Gerechten zu beten als *unmittelbar* bezeichnen, was die Jansenisten hingegen nicht tun« (Prov 1,15).

Hin und her wogte das Gespräch um das Wörtchen »*unmittelbar*«, das sich in der Aufzeichnung Pascals über fast zwei Druckseiten erstreckt. Aber wie konnte der Begriff »unmittelbar« bei gleichem Wortlaut zwischen den Streitenden Verschiedenes bedeuten? Das gipfelte in folgender Antwort auf Pascals verzweifeltes Fragen:

Ich bitte Sie daher, Patres, zum letzten Mal, sagen Sie mir, was muß ich glauben, um katholisch zu sein? – Man muß glauben, riefen alle zusammen, alle Gerechten haben das *unmittelbare Vermögen*, wobei von jedem Sinn abzusehen ist: *abstrahendo a sensu Thomistarum, et a sensu aliorum theologorum* (Prov 1,17).

Arne, der Begriff »*unmittelbar*« war damit zu einer Zauberformel geworden, von der jeder Sinn entfernt worden war! Da er folglich nichts, aber auch gar nichts mehr aussagte, da bei ihm, wie es denn treffend hieß, »von jedem Sinn abzusehen ist«, konnten sich darunter die sonst so unterschiedlichen Gegner vereinen, obwohl sie weiterhin uneins blieben! Der Begriff »*unmittelbar*« war, um es mit einem modernen Wort auszudrücken, zu einem Containerbegriff geworden. Jeder konnte ihn bei gleicher »Verpackung« mit seinem Inhalt beladen!

Als wäre das nicht genug an unsinniger Theologie, wusste Pascal noch darauf hinzuweisen, dass ein derartiges »unmittelbares Vermögen« nicht nur völlig inhaltsleer war, sondern auch weder in der Schrift noch bei den Kirchenvätern, Konzilien, Päpsten und beim heiligen Thomas von Aquin zu finden ist! Nur allzu berechtigt war daher seine Frage: »Um welcher Notwendigkeit willen soll man es [das Wort *unmittelbar*] dann verwenden, wenn es weder Autorität noch überhaupt einen Sinn hat?« (Prov 1,17). Aber wie klar Pascal diese Anfrage auch gestellt hatte, so entschieden wurde er mit ihr abgeschmettert: »Sie sind starrsinnig«, erwiderten sie. »Sie sagen es [das Wörtchen »*unmittelbar*«] oder sind ein Ketzer, so wie auch Herr Arnauld, denn wir sind schließlich die Mehrzahl, und notfalls lassen wir so viele Franziskaner kommen, daß wir uns bestimmt durchsetzen werden« (Prov 1,17).

Arne, alles wurde auf dieses inhaltslose Wörtchen »*unmittelbar*« verdichtet, an dem sich Rechtgläubigkeit oder Ketzerei entschied. Denn die berühmten fünf Punkte, über die sich alle einig geworden waren und an denen sich die Rechtgläubigkeit oder Ketzerei hätte entscheiden können, waren doch von allen Parteien unbestritten angenommen worden. Sie konnten daher nicht mehr zur Verketzerung dienen. Hier die Bulle[27] nach ihrem Auszug aus dem Internet und nach ihrer Wiedergabe durch Pascal:

---

27 Siehe https://de.wikipedia.org/wiki/Cum_occasione, Zugriff 6.8.2022.

1. »Manche Gebote Gottes sind für die gerechten Menschen, auch wenn sie wollen und es versuchen, mit den Kräften, die sie gegenwärtig haben, unerfüllbar; es fehlt ihnen auch die Gnade, durch die sie erfüllbar würden.	1. *»Daß die Gnade nicht allen Menschen gegeben ist.*
2. Der inneren Gnade wird im Zustand der gefallenen Natur niemals widerstanden.	2. *Daß alle Gerechten das Vermögen haben, die Gebote Gottes zu erfüllen.*
3. Für Verdienst und Missverdienst ist im Zustand der gefallenen Natur beim Menschen nicht die Freiheit von Notwendigkeit erforderlich, sondern es genügt die Freiheit von Zwang.	3. *Daß sie trotzdem, um sie zu erfüllen und sogar um zu beten, eine wirksame Gnade braucht, die ihren Willen bestimmt.*
4. Die Semipelagianer gaben die Notwendigkeit der zuvorkommenden inneren Gnade für die einzelnen Akte, auch für den Anfang des Glaubens, zu; und sie waren darin häretisch, dass sie behaupteten, diese Gnade sei eine solche, der der menschliche Wille widerstehen oder gehorchen könne.	4. *Daß diese wirksame Gnade nicht immer allen Gerechten gegeben ist und von der reinen Barmherzigkeit Gottes abhängt.*

5. Es ist semipelagianisch zu sagen, dass Christus für schlechthin alle Menschen gestorben sei oder sein Blut vergossen habe; DH 2005: *semipelagianum est dicere Christum pro omnibus omnino hominibus mortuum esse aut sanguinem fudisse.*«	
	– Nur das Wort *unmittelbar* ist ohne jeglichen Sinn jetzt noch in Gefahr! (Prov 1,18).

Diese fünf Punkte waren als Unterscheidungskriterium nutzlos geworden, wobei sie Pascal nur unvollständig zitiert, wie aus obiger Tabelle leicht zu ersehen ist. Pascal und die Jansenisten hatten ihnen allen zugestimmt und so ihren Gegnern den Wind aus den Segeln genommen! Aber die letzte, über den fünften Punkt hinausgehende Hinzufügung nach dem Bindestrich musste jetzt den Gegnern Pascals zur Verurteilung des Jansenismus mit dem unscheinbaren Wort »*unmittelbar*« herhalten! Doch selbst da verlor Pascal seinen ironischen Spott nicht, indem er ihnen empfahl: Es gäbe nur ein Heilmittel für die Sorbonne, um ihren guten Ruf zu wahren, dieses Wort zu verbannen. – Doch damit hätten die Jesuiten es nicht mehr zur Verurteilung der Jansenisten und Pascals benutzen können! So deckte Pascal in ironisch feiner und begrifflich klarer Weise die jesuitische Sophistik auf! Das inhaltsleere Wort »*unmittelbar*« reichte ihnen, um Jansenius, die Jansenisten und Arnauld als Ketzer zu verurteilen!

Arne, damit beende ich die Auszüge aus Pascals erstem Brief, in dem er mit leichtfüßigem Spott die scheinbare Einigkeit der ansonsten sich widersprechenden und zerstrittenen Molinisten entlarvte. Mit seiner geistvollen Widerlegung gewann Pascal zwar die breite Öffentlichkeit von Paris. Aber die Machthaber reagierten darauf nur umso verhärteter. Ihnen ging es darum, die Jansenisten zu verbieten, die mit ihrer steilen Spiritualität den faulen Frieden einer »Kirche für alle« gefährdeten. Denn es war das erklärte Ziel der Jesuiten gemäß ihrem Leitmotto »Der Zweck heiligt die Mittel«, auch die Entferntesten noch in der Kirche zu halten und sie unter ihre Fittiche zu bringen. Dazu kam ihnen die Nivellierung der Eintrittsstufe gerade recht, weil sie den Zugang zur Kirche für alle möglich machte!

Arne, wieder einmal spielte sich das klassische Ringen zwischen Wahrheit und Macht ab: Darin pflegt die Macht die erste Runde für sich zu gewinnen, aber nur die erste! Denn die zweite gehört stets der Wahrheit! Tatsächlich verloren damals die Jansenisten, doch lebt ihre Spiritualität bis heute in den Werken Pascals weiter! Sein klarer Geist machte den Unsinn der gegnerischen Position schon in seinem ersten Brief offensichtlich. Aber das Ringen der Wahrheit gegen die Macht war schon entschieden, sodass kein Brief mehr etwas daran ändern konnte! Fatal endete die Auseinandersetzung für die Jansenisten. Sie wurden verboten und verfolgt!

Pascals brieflicher Kampf für ihre Rehabilitierung konnte die Machthaber zwar stören, aber ihre Entschlüsse nicht mehr ändern! Doch heute ist es umgekehrt: Außer ein paar Fachgelehrten weiß niemand mehr von den Machenschaften und Verboten der damals Mächtigen, während die Gedanken und Schriften Pascals weiterhin die geistige Welt bereichern! Am Ende siegt noch immer der Geist der Wahrheit gegen den Geist der Macht, der Lüge und der Täuschung!

Damit will ich wieder zurück zu dem Augenblickserfolg der Jansenisten und den bitteren Konsequenzen zu Pascals Lebzeiten. Annat und Séguier sollen über diesen ersten Brief außer sich vor Zorn gewesen sein, während ganz Paris darüber schallend lachte. Die Zahl der Lesenden wuchs rasant! Der zweite Brief Pascals war schnell vergriffen und wurde von Hand zu Hand weitergereicht. Schon diese beiden ersten Briefe erregten den Zorn des Hofs und verhärteten die Fronten an der Sorbonne. Arnauld verlor seinen

Titel eines Doktors der Theologie. Aber sonst scheiterte die Gegenoffensive gegen ihn und Pascal, denn auch die folgenden Briefe konnte niemand unterdrücken!

Zwar waren inzwischen viele Leute an dem Unternehmen beteiligt, aber nur sehr wenige kannten seine genauen Zusammenhänge, denn die Techniken des Untergrunds wurden weiterentwickelt, die sich schon früher bei den Jansenisten bewährt hatten. Nur zwei Personen kannten Herstellung und Verteilung der Briefe. Das sicherte das Unternehmen vor baldiger Entdeckung und Vernichtung! Zwar war man in Port Royal beunruhigt, dass die Identität des Autors dieser Briefe durchzusickern begann. Er selbst, Pascal, hätte ergriffen werden können. Außerdem waren zu viele an dem Briefunternehmen beteiligt, um noch eine dauerhafte Geheimhaltung zu garantieren. Dennoch schrieb Pascal trotz aller Ängste und Bedenken und die Freunde druckten unter den Augen der Obrigkeit ungehindert weiter seine Briefe!

Leider und wie so oft, wenn die Macht mit der Wahrheit zusammenstößt, war der Kampf Pascals gegen die institutionelle Kirche verloren. Doch während der Jansenismus verboten wurde, sind Pascals Briefe bis heute lebendig geblieben und zeugen noch vierhundert Jahre später von dem klaren Geist eines Mannes, der den Kampf um die Wahrheit der Religion nicht aufgab, obwohl sich die Macht schon längst gegen ihn verschworen hatte. Historisch hatte er damals keine Chance, sich durchzusetzen und zu gewinnen. Aber geschichtlich leben wir bis heute von seinem Ringen und Denken, während die Gegner von damals schon längst versunken sind und sich nur noch ein paar historische Spezialisten für sie interessieren.

Pascals Einsatz für die Jansenisten in einer Serie von Briefen wurde indes zu seinem ersten großen Unternehmen, mit dem er eine tiefe Spur in der Geschichte hinterlassen hat! Danach schrieb er, wann immer es seine angegriffene Gesundheit noch zuließ, an seinem zweiten großen, unvollendeten Werk, seinen *Pensées*! Diese Verteidigung des Christentums, an der er allein und ohne fremde Unterstützung arbeitete, wurde zu seinem Vermächtnis an die Menschheit. Sie blieb bruchstückhaft und unvollendet, wurde aber weitverbreitet, viel gelesen und hat gerade so ihre Wirkung bis in unsere Gegenwart hinein!

In diesem Sinne herzlichst,
dein Luca

Anhang II

Fragment 72

»*Mißverhältnis im Menschen.*[28] (Das also ist es, wohin uns unsere natürlichen Einsichten führen. Sind sie nicht wahr, so gibt es keine Wahrheit für den Menschen, und wenn sie es sind, so findet er darin einen mächtigen Grund der Demütigung; in diesem und jenem Fall ist er gezwungen, sich zu beugen. Und da er, ohne an die natürlichen Einsichten zu glauben, nicht bestehen kann, wünschte ich, daß er, bevor er die umfassendere Untersuchung der Natur beginnt, ernstlich und ausgiebig darüber nachdenke, und daß er zugleich sich selbst schaue, und wissend, welches Verhältnis ihm eignet ...)« *Vor aller Selbstbetrachtung will Pascal, dass der Mensch sich die Welt im Größten wie im Kleinsten vor Augen führt und will doch damit, dass er sowohl alles, was er über sich wie alles, das er unter sich wahrnimmt, staunend erkennt und sich im Dazwischen wahrnimmt!* »Also bedenke der Mensch die ganze Welt in ihrer hohen und weiten Herrlichkeit, er banne aus seinem Blick das Niedrige, das ihn umgibt. Er schaue das blendende Licht, das, um das All zu erhellen, wie eine ewige Leuchte gegeben ist, die / Erde werde ihm im Vergleich zu der weiten Bahn, die dieses Gestirn beschreibt, wie ein Punkt, und er erschaudere, daß diese weite Bahn selbst nur ein unmerklicher Punkt ist jenen Bahnen gegenüber, die die Sterne durch das Firmament ziehen, das sie alle umhüllt.« *Pascal versteht es, den Weltraum in seiner unfasslichen Größe anschaulich zu machen, indem er das uns so Große – den Erdball – zu einem Punkt zusammenschrumpfen lässt und seine Bahn um die Sonne ebenfalls!* »Aber wenn unser Schau-

---

28 Die von mir eingefügten Kommentare und Ergänzungen stehen in kursiver Schrift. Im Original ist nur die Überschrift kursiv.

en dort stockt, die Einbildungskraft gehe weiter: sie wird eher im Erfassen als die Natur im Zeigen ermatten. Die ganze sichtbare Welt ist nur eine unmerkliche Falte in dem weiten Gewand des Alls.« *Hier schließt der Begriff Welt nicht nur die Erde ein, sondern das uns sichtbare Weltall!* »Keinerlei Begreifen kommt ihm nah. Wir können unsere Gedanken aufblähen über die letzt denkbaren Räume hinaus, was wir zeugen, sind, verglichen mit der Wirklichkeit der Dinge, Winzigkeiten. Es ist eine unendliche Kugel, ihr Mittelpunkt ist überall, und ihre Oberfläche nirgends. Das ist endlich das gewaltigste sinnlich faßbare Merkzeichen der Allmacht Gottes; unsere Einbildungskraft verliere sich in dem Gedanken.

Zurückgekehrt zu sich selbst, bedenke der Mensch, was er ist, verglichen mit dem, was ist, er betrachte sich als verirrt in diesem versprengten Winkel der Welt, und durch dies enge Verließ, in dem er sich befindet, ich meine damit das Universum, lerne er die Erde, die Königreiche, die Städte und sich selbst nach seinem wahren Wert einzuschätzen.

Was ist der Mensch in der Unendlichkeit?

Aber um ihm ein anderes, ebenso erstaunliches Wunder zu zeigen, möge er unter dem, was er kennt, das Winzigste suchen. In der Winzigkeit ihres Körpers weise ihm eine Milbe die unvergleichlich viel kleineren Teile, Gliedmaßen mit Gelenken, Adern in den Gliedmaßen, Blut in den Adern, Säfte im Blut, Tropfen der Säfte, Gase in den Tropfen; so erschöpfe er seinen Geist, in seiner Vorstellung diese letzten Dinge teilend und teilend, und das letzte, an das er gelangen kann, sei nun Gegenstand unserer Untersuchung; denn vielleicht will man glauben, hier wäre das äußerst Kleine der Welt. Einen neuen Abgrund will ich ihn darin schauen lassen. Nicht nur das sichtbare Weltall will ich ihm darstellen, sondern auch die Unermeßlichkeit, die man im Bezirk des letzten Atomschnitts von der Natur erfassen kann. Hierin schaue er eine Unermeßlichkeit von Welten, jegliche habe ihren Weltenraum, habe ihre Planeten, ihre Erde und alles im gleichen Verhältnis unserer sichtbaren Welt; auf jeder Erde Tiere und endlich Milben, dort wird er wiederfinden, was die ersten zeigten; und in ihnen das gleiche ohne Ende und Abschluß findend, verliert er sich in diesen Wundern, die in ihrer Winzigkeit gleich erstaunlich sind wie die andern in ihrer Weite; denn wer wird nicht staunen, daß unser Körper, der eben unmerkbar in der Welt war, die selbst unfaßbar im Schoße des Alls ist, jetzt ein Koloß, eine Welt oder ein All ist, gegenüber dem Nichts, wo wir nie anlangen können. Wer sich derart schauen wird, wird voller Schrecken vor sich selbst sein, und wenn er sich selbst vorstellt, geprägt in die Masse, die die Natur ihm zuteilte, zwischen den zwiefachen Klüften des Unendlichen und des Nichts, wird er erzittern ob der Schau dieser Wunder, und ich glaube, wenn sich seine Neugierde in Bewunderung wandelt, wird er bereiter sein, in Stille darüber nachzusinnen, als anmaßend zu forschen.

Denn, was ist zum Schluß der Mensch in der Welt? Ein Nichts vor dem Unendlichen, ein All gegenüber dem Nichts, eine Mitte zwischen Nichts und All. Unendlich entfernt von dem Begreifen der Unendlichkeiten, sind ihm das Ende aller Dinge und ihre Gründe undurchdringlich verborgen, unlösbares Geheimnis; er ist unfähig, das Nichts zu fassen, aus dem er gehoben, wie das Unendliche, was ihn verschlingt.

Was wird er tun, wenn er nichts anderes erkennt als in etwas den Anschein von der Mitte der Dinge, in einer ewigen Verzweiflung, weil er weder ihr Ende noch ihren Grund erkennt? Alle Dinge entwachsen dem Nichts und ragen bis in das Unendliche. Wer kann diese erschreckenden Schritte mitgehen? Der Schöpfer dieser Wunder vermag es. Kein anderer kann es tun.

Weil die Menschen über diese Unendlichkeiten nicht nachgedacht, unterfingen sie sich, die Natur zu erforschen, als hätten sie mit ihr irgendein gemeinsames Maß. Rätselhaftes Ding, daß sie in einer Anmaßung, die so unendlich ist wie ihr Gegenstand, die Gründe der Dinge verstehen und dahin gelangen wollten, alles zu wissen; denn es ist außer Zweifel, daß man diesen Plan nicht fassen kann, ohne eine Anmaßung oder eine Fähigkeit, die ebenso unendlich sind wie die Natur.

Hat man das eingesehen, so versteht man: weil die Natur ihr Bild und das ihres Schöpfers in alle Dinge geprägt hat, haben sie fast alle an ihrer doppelten Unendlichkeit teil. So finden wir, daß auch alle Wissenschaften unendlich in der Ausdehnung ihrer Probleme sind; denn wer zweifelt etwa, daß es, um ein Beispiel zu geben, in der Geometrie eine Unendlichkeit von Lehrsätzen zu beweisen gibt? Sie sind sowohl unendlich in der Anzahl wie in der Schwierigkeit ihrer Prinzipien; denn wem ist nicht deutlich, daß die Sätze, die man für die letzten ausgibt, nicht in sich selbst bestehen, sondern daß sie sich auf andere stützen, die wieder andere als Grundlage haben, kein Ende duldend? Wir aber machen mit dem Letzten, was der Vernunft faßlich ist, so wie wir es bei den stofflichen Dingen tun, wo wir einen Punkt jenseits dessen wir sinnlich nicht mehr wahrnehmen können, unteilbar nennen, obgleich er und durch seine Wesenheit unendlich teilbar bleibt.

Von dieser zweifachen Unendlichkeit in der Wissenschaft ist die Unendlichkeit der Größe sehr viel deutlicher, und deshalb ist es nur wenigen unterlaufen, daß sie vorgaben, alles zu wissen. ›Von allem will ich handeln‹, sagt Demokrit.

Die Unendlichkeit des Kleinen aber ist viel weniger deutlich. Häufiger haben Philosophen vorgegeben, sie wären dorthin gelangt, und dort ist es, wo alle scheiterten. Dem entstammen jene geläufigen Titel: Von den Grundprinzipien der Dinge, von den Prinzipien der Philosophie und ähnliche, die, wenn auch äußerlich bescheidener, nicht weniger protzend sind als jener, der die Augen schmerzt. De omni scibili.[29]

Es ist natürlich, daß man sich für fähiger hält, an den Mittelpunkt der Dinge zu gelangen, als ihren Umfang zu umfassen; die sichtbare Ausdehnung der Welt übertrifft uns augenscheinlich; da wir es aber sind, die die winzigen Dinge übertreffen, halten wir uns für fähiger, sie zu besitzen, und doch ist die erforderte Fähigkeit, / um das Nichts zu erreichen, um nichts geringer als die, die nötig ist, um an das All zu gelangen; in diesem und jenem Fall

---

29 Anm. 2: (Über alles Bekannte …) »Titel der Thesen, die Pico della Mirandola in Rom 1486 öffentlich verteidigen wollte.«

muß sie unendlich sein, und ich glaube, wer die letzten Gründe der Dinge verstanden hat, der würde auch dahin gelangen, das Unendliche zu begreifen. Das eine hängt vom andern ab, das eine führt zu dem andern. Die äußersten Enden berühren sich und vereinigen sich über ihr Getrenntsein und finden sich zusammen in Gott und in Gott allein.

Machen wir uns also unsere Fähigkeit klar; wir sind etwas, aber wir sind nicht alles; unsere Teilhabe am Sein nimmt uns die Möglichkeit, die ersten Gründe, die dem Nichts entstammen, zu erkennen, und das wenige dieser Teilhabe verdeckt die Schau des Unendlichen.

Unter den Intelligiblen nimmt unsere Vernunft eben den Ort ein, den unser Körper in der Weite der Welt hat.

In jeder Hinsicht beschränkt; diese Lage, die die Mitte zwischen zwei Extremen hält, gilt für jedes unserer Vermögen. Kein Übermaß ist sinnlich wahrnehmbar, zu viel Lärm macht taub, zu viel Licht blendet, was zu weit ist und was zu nah ist, hindert das Sehen, übertriebene Länge und zu große Knappheit der Rede verdunkeln den Sinn, zu viel Wahrheit betäubt uns: ich kenne welche, die nicht begreifen können, daß Null, vermindert um vier, Null sei; die ersten Gründe sind zu klar für uns, zu viel Freude wird unerträglich, zu viel Konsonanzen mißfallen in der Musik, zu viel / Wohltat macht böse, wir wollen die Möglichkeit haben, die Schuld zu überzahlen: Beneficia eo usque lacta sunt dum videntur exsolvi posse; ubi multum antevenere, pro gratia odium redditur. (*Wohltaten sind so lange angenehm, als man hofft, sie entgelten zu können, ihr Zuviel wandelt die Dankbarkeit in Haß*, Tacitus, Annalen.) Weder empfinden wir die höchsten Grade der Hitze noch die der Kälte. Das Übermäßige ist uns feindlich und sinnlich unerkennbar, wir empfinden es nicht mehr, wir erleiden es. Zu große Jugend und zu hohes Alter, zu viele und zu wenig Kenntnisse hemmen den Geist; kurz und gut, alle Extreme sind, als wären sie für uns nicht vorhanden und wir nicht für sie, sie entschlüpfen uns und wir ihnen.

Das ist unsere wirkliche Lage, sie ist es, die uns unfähig macht, etwas gewiß zu wissen und wirklich nichts zu wissen. Auf einer unermeßlichen Mitte treiben wir dahin, immer im Ungewissen, und während wir treiben, werden wir von einem Ende gegen das andere gestoßen. An welchen Grenzpfahl wir uns halten und binden möchten, jeder zerbricht und verschwindet; wollen wir ihm folgen, so entschlüpft er unserem Griff und entgleitet uns und entflieht in einer Flucht ohne Ende. Nichts hält uns zuliebe an. Das ist der Zustand, der uns natürlich ist, und der gegensätzlichste unserer Wünsche; wir brennen vor Gier, einen festen Platz, einen wirklich beständigen Grund zu finden, um dort einen Turm zu erbauen, der bis in das Unendliche ragt; aber alle Fundamente zerbrechen, und die Erde öffnet sich bis zu den Abgründen.

Also suche man keine Sicherheit und Beständigkeit. Immer täuscht die Vergänglichkeit der Erscheinungen unsere Vernunft, nichts kann das Endliche zwischen den beiden Unendlichen bannen, die es einschließen und es fliehen.

Hat man das recht begriffen, dann wird man sich, / glaube ich, ruhig verhalten und jeder in der Lage, wohin die Natur ihn stellte.

Was zählt es, da diese Mitte, die uns zuteil geworden ist, immer gleich weit von den Extremen entfernt ist, ob ein Mensch etwas mehr von den Dingen weiß? Tut er es, so sieht er sie aus etwas größerer Höhe; aber ist er nicht immer unendlich entfernt von der Grenze, und wäre die Dauer unseres Lebens, wenn wir zehn Jahre länger lebten, nicht gleichfalls unendlich entfernt von der Ewigkeit?

Gegenüber der Schau dieser Unendlichkeiten sind alle endlichen Größen gleich, und ich kenne keinen Grund, eine der andern vorzuziehen. Nur wenn wir uns mit Endlichem vergleichen, macht uns das Kummer.

Würde der Mensch beginnen, sich selbst zu erforschen, so würde er erfahren, wie unfähig er ist, darüber hinauszugelangen. Wie könnte es möglich sein, daß ein Teil das Ganze kenne? – Aber vielleicht wird er den Ehrgeiz haben, wenigstens die Teile zu kennen, die ein gemeinsames Maß mit ihm haben? Aber die Teile der Welt stehen alle derart im Zusammenhang, sind so eins mit dem andern verflochten, daß ich es für unmöglich halte, einen ohne den andern und ohne das Ganze zu verstehen.

Zum Beispiel, der Mensch steht in Beziehung zu allem, was er kennt. Er braucht Raum, den er erfüllt, Zeit, um zu dauern, Bewegung, um zu leben, Elemente, die ihn aufbauen, Wärme und Nahrung, die ihn ernährt, Luft, um zu atmen; er sieht das Licht, er fühlt die Körper; kurz, alles ist ihm verbunden, folglich müßte man, um den Menschen zu verstehen, notwendig wissen, weshalb er zum Leben Luft braucht; und um die Luft zu begreifen, müßte man wissen, woher sie in dieser Beziehung zum Leben des Menschen steht, usw. Die Flamme brennt nicht ohne die Luft; also um eins zu kennen, muß man das andere kennen. Da folglich jegliches Ding verursacht und verursachend ist, bedingt und bedingend, mittelbar und unmittelbar, da alle durch ein natürliches, unfaßbares Band verbunden sind, das das Entfernteste und Verschiedenste umschlingt, halte ich weder für möglich, die Teile zu kennen, ohne daß man das Ganze kenne, noch für möglich, daß man das Ganze kenne, ohne daß man im einzelnen die Teile kenne.

(Die Ewigkeit der Dinge, sei es an sich oder in Gott, soll uns weiter wegen der kurzen Dauer unseres Lebens verblüffen. Und das gleiche soll die feste und beständige Unbeweglichkeit der Natur bewirken, wenn wir sie mit der ständigen Wandlung, die in uns geschieht, vergleichen.)

Was aber, was unsere Unmacht, die Dinge zu begreifen, vollendet, ist, daß sie selbst einfach, wir aber aus zwei wesensverschiedenen und gegensätzlichen Naturen zusammengesetzt sind, aus Seele und Körper. Denn es ist unmöglich, daß die Wesenheit, die in uns denkt, anders als geistig sei; und wenn man behaupten wollte, wir wären schlechthin körperlich, so wären wir dadurch noch weiter von dem Verstehen der Dinge entfernt, denn nichts ist unverständlicher als die Aussage, daß sich die Materie selbst erkenne: es ist unfaßbar für uns, wie sie sich selbst erkennen könnte.

Also, wären wir ausschließlich stofflich, so könnten wir gar nichts erkennen, sind wir aber aus Geist und Stoff zusammengesetzt, so können wir die unvermischten Dinge, seien sie geistig oder körperlich, nicht wahrhaft verstehen.

Das ist der Grund, daß alle Philosophen die Begriffe der Dinge durcheinanderwarfen und entweder von körperlichen Dingen wie von den geistigen oder von geistigen wie von den körperlichen Dingen sprachen. Denn unbekümmert lehren sie, daß die Körper nach unten strebten, daß sie an den Mittelpunkt zu gelangen wünschten, daß sie ihre Zerstörung flöhen, daß / sie die Leere fürchteten, daß sie Neigungen, Sympathien, Antipathien hätten, was alles Eigenschaften sind, die nur dem Geist zukommen können. Handeln sie aber vom Geist, so denken sie ihn an einem Ort, und sie schreiben ihm Bewegung von einem Ort zum andern zu, was wieder nur den Körpern eigentümlich ist.

Anstatt die Begriffe aus den Dingen zu sich abzuleiten, färben wir sie mit unsern Eigenschaften und prägen allen einfachen Dingen, über die wir nachdenken, unsere zusammengesetzte Wesenheit auf.

Sollte man nun glauben, wenn man bemerkt, daß wir alles aus Geist und Körper zusammensetzen, diese Mischung sei für uns leicht verständlich? Indessen, sie ist das, was wir am wenigsten verstehen. Der Mensch ist sich selbst das unlösbarste Rätsel der Welt, denn er kann nicht begreifen, was der Körper ist, und noch weniger, was der Geist ist, und am wenigsten wie ein Körper und ein Geist vereint sein können. Das ist der Gipfel der Schwierigkeiten, und indessen ist es unser eigenes Wesen. Modus quo corporibus adhaerent spiritus comprehendi ab hominibus non potest et hoc tamen homo est. (›Die Art, wie die Geister mit den Körpern verbunden sind, ist dem Menschen unbegreiflich, und doch ist solch Wesen der Mensch. Augustinus, de Civitate Dei (XXI, 10.‹)

Um nun den Beweis unserer Nichtigkeit zu vollenden, werde ich mit folgenden zwei Überlegungen schließen. (»Es gibt einige Varianten des Textes, von denen ich nur die Variante des Schlußsatzes als Anmerkung geben will. (›Da habt ihr einen Teil der Gründe, die den Menschen so schwachsinnig machen, daß er die Natur nicht erkennen kann. Sie ist auf zwei Weisen unendlich, ist endlich und begrenzt. Sie dauert und besteht, er vergeht und ist sterblich. Die einzelnen Dinge verderben und wandeln sich fortwährend, er sieht sie nur wie im Vorübergehen. Sie haben ihren Grund und ihr Ziel, er versteht weder den einen noch das andere. Sie ist einfach, und er ist aus zwei verschiedenen Wesen zusammensetzt. Und um den Beweis unserer Unmacht zu vollenden, werde ich mit diesen zwei Betrachtungen über die Seinslage unserer Natur schließen‹)« (Pensées, Fragment 72/199; S 39–49).

Lied von der Unzulänglichkeit menschlichen Strebens[30]

Der Mensch lebt durch den Kopf
der Kopf reicht ihm nicht aus
versuch es nur; von deinem Kopf
lebt höchstens eine Laus.
Denn für dieses Leben
ist der Mensch nicht schlau genug
niemals merkt er eben
allen Lug und Trug.

Ja; mach nur einen Plan
sei nur ein großes Licht!
Und mach dann noch 'nen zweiten Plan
gehn tun sie beide nicht.
Denn für dieses Leben
ist der Mensch nicht schlecht genug:
doch sein höh'res Streben
ist ein schöner Zug.

Ja; renn nur nach dem Glück
doch renne nicht zu sehr!
Denn alle rennen nach dem Glück
Das Glück rennt hinterher.
Denn für dieses Leben
ist der Mensch nicht anspruchslos genug
drum ist all sein Streben
nur ein Selbstbetrug.

---

30 Aus der Dreigroschenoper von Bertolt Brecht.

Der Mensch ist gar nicht gut
drum hau ihn auf den Hut
hast du ihn auf den Hut gehaut
dann wird er vielleicht gut.
Denn für dieses Leben
ist der Mensch nicht gut genug
darum haut ihn eben
ruhig auf den Hut.

Fragment 851

Die Geschichte des Blindgeborenen.

Was sagt Paulus? Weist er jederzeit auf die Übereinstimmung mit den Prophezeiungen? Nein, sondern auf sein Wunder. Was sagt Jesus Christus? Weist er auf die Übereinstimmung mit den Prophezeiungen? Nein: durch seinen Tod waren sie noch nicht erfüllt; sondern er sagt: si fecissem. Glaubt den Werken.

Zwei übernatürliche Fundamente unserer völlig übernatürlichen Religion: das eine sichtbar, das andere unsichtbar. Wunder verbunden mit der Gnade, Wunder ohne die Gnade.

Die Synagoge, die mit Liebe als Sinnbild der Kirche und mit Haß, weil sie nur ihr Sinnbild war, behandelt wurde, ist, wie sie daran war, zu erliegen, weil sie rechtlich zu Gott stand, aufgerichtet worden, und darin ist sie Sinnbild.

Die Wunder beweisen die Macht, die Gott über die Herzen hat, durch die Macht, mit der er über die Köper verfügt.

Niemals hat die Kirche ein Wunder bei den Häretikern gebilligt.

/ (412) Die Wunder sind Stütze der Religion; sie haben die Juden voneinander geschieden, sie haben die Christen voneinander geschieden, die Heiligen, die Unschuldigen, die wahren Gläubigen.

Ein Wunder auf seiten der Schismatiker ist nicht groß zu befürchten; da die Kirchenspaltung sichtbarer als das Wunder ist, ist ihr Irrtum sichtbar gekennzeichnet. Wenn es aber keine Kirchenspaltung gibt und der Irrtum umstritten ist, dann unterscheidet das Wunder.

Si non fecissem, quae alius non fecit. (A1.: »Hätte ich nicht die Werke getan (unter ihnen), die kein anderer getan hat. Joh. XV, 24.«) Diese Unglücklichen, die uns gezwungen, von Wundern zu sprechen.

Abraham, Gideon; den Glauben durch Wunder bestätigen.

Judith: in der höchsten Not spricht endlich Gott. Wenn die Liebe zu Gott nachläßt und die Kirche fast ohne wahrhaft Gläubige ist, dann werden die Wunder diese erwecken. Das ist eine der letzten Wirkungen der Gnade.

Wenn ein Wunder bei den Jesuiten geschähe?

Wenn das Wunder die Erwartung derjenigen, in deren Gegenwart es sich ereignet, täuscht und wenn ein Mißverhältnis zwischen dem Wesen ihres Glaubens und dem Mittel des Wunders besteht, dann soll man ihre Gemeinschaft aufheben. Ihr aber macht es anders. Mit dem gleichen Recht könnte man sagen, wenn durch die Eucharistie ein Toter erweckt würde, müßte man, statt Katholik zu bleiben, Kalvinist werden. Wenn aber die Hoffnung krönt und wenn die, die von Gott erhofften, daß er die Heilmittel segnen würde, sich ohne Heilmittel geheilt finden ...

Ungläubige. Niemals ist ein Wunder auf seiten des Teufels geschehen, ohne daß ein stärkeres Zeichen von Gott geschah oder zum mindesten, ohne daß er geweissagt hätte, daß es geschehen würde« (Fragment 851; S. 410–412).

175

Mehr von Georg Gremels

Ein Mensch namens Luther
Vom Geheimnis der Wandlung
ISBN 978-3-86827-567-4
320 Seiten, Paperback
als E-Book erhältlich

Wittenberg, den 31.10.1517: Mit seinem Thesenanschlag stößt der Mönch Martin Luther das Tor zur Freiheit auf. Gefangen im Gefüge mittelalterlicher Frömmigkeit, lassen ihn dumpfe Unterwerfung und verzweifelter Gehorsam auf dem Weg zu Gott scheitern. Da entdeckt er, wie Gott sich umgekehrt auf den Weg zu ihm macht: Ihm glauben, seine Liebe annehmen – das ist der neue Weg evangelischer, fröhlicher Freiheit. Luthers lebendige Gotteserfahrung setzt in ihm ungeahnte Energien frei, die sein ganzes Leben verwandeln.

In Briefen an einen kritischen Zeitgenossen macht der Theologe und Naturwissenschaftler Dr. Georg Gremels seine Leser mit der kraftvollen Spiritualität Luthers bekannt. Denn er ist davon überzeugt: Im Siegeszug der Befreiungen, die Luthers Durchbruch folgten, gerät der neuzeitliche Mensch in Gefahr, sich sogar von Gott zu befreien. Wie man Gott als Kraftquelle und verwandelnde Wirklichkeit in sich entdecken kann, buchstabiert Gremels in diesem Buch durch: Eine unverzichtbare Lektüre für alle, die sich nicht vor kritischen Fragen scheuen.